UN FRANC LE VOLUME

HORS DE FRANCE, 1 fr. 25

ŒUVRES DE CHATEAUBRIAND

RENÉ

ILLUSTRÉ DE GRAVURES SUR ACIER

PARIS

GABRIEL ROUX, LIBRAIRE-ÉDITEUR

ARNAULD DE VRESSE, LIBRAIRE-ÉDITEUR

55, RUE DE RIVOLI, 55

BIBLIOTHÈQUE DU FOYER

RENÉ

LAGNY. — Imprimerie de VIALAT.

DERNIERS ADIEUX DE RENÉ A SA SŒUR.

OEUVRES DE CHATEAUBRIAND

RENÉ

ILLUSTRÉ DE GRAVURES SUR ACIER

PARIS

GABRIEL ROUX, LIBRAIRE-ÉDITEUR

ARNAUD DE VRESSE, LIBRAIRE-ÉDITEUR,

55, RUE DE RIVOLI, 55

1857

Le propriétaire de cet ouvrage se réserve le droit de traduction et de reproduction
à l'étranger.

RENÉ

En arrivant chez les Natchez, René avait été obligé de prendre une épouse, pour se conformer aux mœurs des Indiens; mais il ne vivait point avec elle. Un penchant mélancolique l'entraînait au fond des bois; il y passait seul des journées entières, et semblait sauvage parmi les Sauvages. Hors Chactas, son père adoptif, et le père Souël, missionnaire au fort Rosalie[1], il avait renoncé au commerce des hommes. Ces deux vieillards avaient pris beaucoup d'empire sur son cœur : le premier, par une indulgence aimable; l'autre, au contraire, par une extrême sévérité. Depuis la chasse du castor, où le sachem aveugle raconta ses aventures à René, celui-ci n'avait jamais voulu parler des siennes. Cependant Chactas et le missionnaire désiraient vivement connaître par quel malheur un Européen bien né avait été conduit à l'étrange résolution de s'ensevelir dans les déserts de la Louisiane. René avait toujours donné pour motif de ses refus le peu d'intérêt de son histoire, qui se bornait, disait-il, à celle de ses pensées

[1] Colonie française aux Natchez.

et de ses sentiments. « Quant à l'événement qui m'a « déterminé à passer en Amérique, ajoutait-il, je le dois « ensevelir dans un éternel oubli. »

Quelques années s'écoulèrent de la sorte, sans que les deux vieillards lui pussent arracher son secret. Une lettre qu'il reçut d'Europe, par le bureau des Missions étrangères, redoubla tellement sa tristesse, qu'il fuyait jusqu'à ses vieux amis. Ils n'en furent que plus ardents à le presser de leur ouvrir son cœur; ils y mirent tant de discrétion, de douceur et d'autorité, qu'il fut enfin obligé de les satisfaire. Il prit donc jour avec eux pour leur raconter, non les aventures de sa vie, puisqu'il n'en avait point éprouvé, mais les sentiments secrets de son âme.

Le 21 de ce mois que les Sauvages appellent *la lune des fleurs*, René se rendit à la cabane de Chactas. Il donna le bras au sachem, et le conduisit sous un sassafras, au bord du Meschacebé. Le père Souël ne tarda pas à arriver au rendez-vous. L'aurore se levait : à quelque distance dans la plaine, on apercevait le village des Natchez, avec son bocage de mûriers et ses cabanes qui ressemblent à des ruches d'abeilles. La colonie française et le fort Rosalie se montraient sur la droite, au bord du fleuve. Des tentes, des maisons à moitié bâties, des forteresses commencées, des défrichements couverts de nègres, des groupes de blancs et d'Indiens, présentaient, dans ce petit espace, le contraste des mœurs sociales et des mœurs sauvages. Vers l'orient, au fond de la perspective, le soleil commençait à paraître entre les sommets brisés des Apalaches, qui se dessinaient comme des caractères d'azur dans les hauteurs dorées du ciel; à l'occident, le Meschacebé roulait ses ondes dans un silence magnifique, et formait la bordure du tableau avec une inconcevable grandeur. Le jeune homme et le missionnaire admirèrent quelque temps cette belle scène, en plaignant le sachem, qui ne pouvait plus en jouir ; ensuite le père Souël et Chactas s'assirent sur le gazon, au pied de l'arbre; René prit sa place au milieu d'eux, et, après un moment de silence, il parla de la sorte à ses vieux amis :

« Je ne puis, en commençant mon récit, me défendre d'un mouvement de honte. La paix de vos cœurs, respectables vieillards, et le calme de la nature autour de moi, me font rougir du trouble et de l'agitation de mon âme.

« Combien vous aurez pitié de moi ! Que mes éternelles inquiétudes vous paraîtront misérables ! Vous qui avez épuisé tous les chagrins de la vie, que penserez-vous d'un jeune homme sans force et sans vertu, qui trouve en lui-même son tourment, et ne peut guère se plaindre que des maux qu'il se fait à lui-même ? Hélas ! ne le condamnez pas ; il a été trop puni !

« J'ai coûté la vie à ma mère en venant au monde; j'ai été tiré de son sein avec le fer. J'avais un frère, que mon père bénit, parce qu'il voyait en lui son fils aîné. Pour moi, livré de bonne heure à des mains étrangères, je fus élevé loin du toit paternel.

« Mon humeur était impétueuse, mon caractère inégal. Tour à tour bruyant et joyeux, silencieux et triste, je rassemblais autour de moi mes jeunes compagnons; puis, les abandonnant tout à coup, j'allais m'asseoir à l'écart pour contempler la nue fugitive, ou entendre la pluie tomber sur le feuillage.

« Chaque automne, je revenais au château paternel, situé au milieu des forêts, près d'un lac, dans une province reculée.

« Timide et contraint devant mon père, je ne trouvais l'aise et le contentement qu'auprès de ma sœur Amélie. Une douce conformité d'humeur et de goûts m'unissait étroitement à cette sœur; elle était un peu plus âgée que moi. Nous aimions à gravir les coteaux ensemble, à voguer sur le lac, à parcourir les bois à la chute des feuilles : promenades dont le souvenir remplit encore mon âme de délices. O illusions de l'enfance et de la patrie, ne perdez-vous jamais vos douceurs?

« Tantôt nous marchions en silence, prêtant l'oreille au sourd mugissement de l'automne, ou au bruit des feuilles séchées que nous traînions tristement sous nos pas; tantôt, dans nos jeux innocents, nous poursuivions l'hirondelle dans la prairie, l'arc-en-ciel sur les collines pluvieuses; quelquefois aussi nous murmurions des vers que nous inspirait le spectacle de la nature. Jeune, je cultivai les Muses; il n'y a rien de plus poétique, dans la fraîcheur de ses passions, qu'un cœur de seize années. Le matin de la vie est comme le matin du jour, plein de pureté, d'images et d'harmonies.

« Les dimanches et les jours de fêtes, j'ai souvent entendu dans le grand bois, à travers les arbres, les sons de la cloche lointaine qui appelait au temple l'homme des champs. Appuyé contre le tronc d'un ormeau, j'écoutais en silence le pieux murmure. Chaque frémissement de l'airain portait à mon âme naïve l'innocence des mœurs champêtres, le calme de la solitude, le charme de la religion, et la délectable mélancolie des souvenirs de ma première enfance! Oh! quel cœur si mal fait n'a tressailli au bruit des cloches de son lieu natal, de ces cloches qui frémirent de joie sur son berceau, qui annoncèrent son avénement à la vie, qui marquèrent le premier battement de son cœur, qui publièrent dans tous les lieux d'alentour la sainte allégresse de son père, les douleurs et les joies encore plus ineffables de sa mère! Tout se trouve dans les rêveries enchantées où nous plonge le bruit de la cloche natale : religion, famille, patrie, et le berceau et la tombe, et le passé et l'avenir.

« Il est vrai qu'Amélie et moi nous jouissions plus que personne de ces idées graves et tendres, car nous avions tous les deux un peu de tristesse au fond du cœur : nous tenions cela de Dieu ou de notre mère.

« Cependant mon père fut atteint d'une maladie qui le conduisit en peu de jours au tombeau. Il expira dans mes bras. J'appris à connaître la mort sur les lèvres de celui qui m'avait donné la vie. Cette impression fut grande; elle dure encore. C'est la première fois que l'immortalité de l'âme s'est présentée clairement à mes yeux. Je ne pus croire que ce corps inanimé était en moi l'auteur de la pensée; je sentis qu'elle me devait venir d'une autre source; et, dans une sainte douleur qui approchait de la joie, j'espérai me rejoindre un jour à l'esprit de mon père.

« Un autre phénomène me confirma dans cette haute idée. Les traits paternels avaient pris au cercueil quelque chose de sublime. Pourquoi cet étonnant mystère ne serait-il pas l'indice de notre immortalité? Pourquoi la mort, qui sait tout, n'aurait-elle pas gravé sur le front de sa victime les secrets d'un autre univers? Pourquoi n'y aurait-il pas dans la tombe quelque grande vision de l'éternité?

« Amélie, accablée de douleur, était retirée au fond d'une tour, d'où elle entendit retentir, sous les voûtes du château gothique, le chant des prêtres du convoi, et les sons de la cloche funèbre.

« J'accompagnai mon père à son dernier asile; la

terre se referma sur sa dépouille ; l'éternité et l'oubli le pressèrent de tout leur poids : le soir même, l'indifférent passait sur sa tombe ; hors pour sa fille et pour son fils, c'était déjà comme s'il n'avait jamais été.

« Il fallut quitter le toit paternel, devenu l'héritage de mon frère : je me retirai avec Amélie chez de vieux parents.

« Arrêté à l'entrée des voies trompeuses de la vie, je les considérais l'une après l'autre sans m'y oser engager. Amélie m'entretenait souvent du bonheur de la vie religieuse ; elle me disait que j'étais le seul lien qui la retînt dans le monde, et ses yeux s'attachaient sur moi avec tristesse.

« Le cœur ému par ces conversations pieuses, je portais souvent mes pas vers un monastère voisin de mon nouveau séjour ; un moment même j'eus la tentation d'y cacher ma vie. Heureux ceux qui ont fini leur voyage sans avoir quitté le port, et qui n'ont point, comme moi, traîné d'inutiles jours sur la terre !

« Les Européens, incessamment agités, sont obligés de se bâtir des solitudes. Plus notre cœur est tumultueux et bruyant, plus le calme et le silence nous attirent. Ces hospices de mon pays, ouverts aux malheureux et aux faibles, sont souvent cachés dans des vallons qui portent au cœur le vague sentiment de l'infortune et l'espérance d'un abri ; quelquefois aussi on les découvre sur de hauts sites, où l'âme religieuse, comme une plante des montagnes, semble s'élever vers le ciel pour lui offrir ses parfums.

« Je vois encore le mélange majestueux des eaux et des bois de cette antique abbaye, où je pensai dérober ma vie aux caprices du sort ; j'erre encore, au déclin du jour, dans ces cloîtres retentissants et solitaires. Lorsque la lune éclairait à demi les piliers des arcades et dessinait leur ombre sur le mur opposé, je m'arrêtais à contempler la croix qui marquait le champ de la mort, et les longues herbes qui croissaient entre les pierres des tombes. O hommes qui, ayant vécu loin du monde, avez passé du silence de la vie au silence de la mort, de quel dégoût de la terre vos tombeaux ne remplissaient-ils point mon cœur !

« Soit inconstance naturelle, soit préjugé contre la vie monastique, je changeai mes desseins : je me résolus à voyager. Je dis adieu à ma sœur ; elle me serra dans ses bras avec un mouvement qui ressemblait à de la joie, comme si elle eût été heureuse de me quitter. Je ne pus me défendre d'une réflexion amère sur l'inconséquence des amitiés humaines.

« Cependant, plein d'ardeur, je m'élançai seul sur cet orageux océan du monde, dont je ne connaissais ni les ports ni les écueils. Je visitai d'abord les peuples qui ne sont plus : je m'en allai, m'asseyant sur les débris de Rome et de la Grèce, pays de forte et d'ingénieuse mémoire, où les palais sont ensevelis dans la poudre, et les mausolées des rois cachés sous les ronces. Force de la nature, et faiblesse de l'homme ! un brin d'herbe perce souvent le marbre le plus dur de ces tombeaux, que tous ces morts, si puissants, ne soulèveront jamais !

« Quelquefois une haute colonne se montrait seule debout dans un désert, comme une grande pensée s'élève, par intervalle, dans une âme que le temps et le malheur ont dévastée.

« Je méditai sur ces monuments dans tous les accidents et à toutes les heures de la journée. Tantôt ce même soleil qui avait vu jeter les fondements de ces cités se couchait majestueusement, à mes yeux, sur leurs ruines ; tantôt la lune, se levant dans un ciel pur, entre deux urnes cinéraires à moitié brisées, me montrait les pâles tombeaux. Souvent, aux rayons de cet astre qui alimente les rêveries, j'ai cru voir le génie des souvenirs assis tout pensif à mes côtés.

« Mais je me lassai de fouiller dans des cercueils, où je ne remuais trop souvent qu'une poussière criminelle.

« Je voulus voir si les races vivantes m'offriraient plus de vertus ou moins de malheurs que les races évanouies. Comme je me promenais un jour dans une grande cité, en passant derrière un palais, dans une cour retirée et déserte, j'aperçus une statue qui indiquait du doigt un lieu fameux par un sacrifice[1]. Je fus frappé du silence de ces lieux : le vent seul gémissait autour du marbre tragique. Des manœuvres étaient couchés avec indifférence au pied de la statue, ou taillaient des pierres en sifflant. Je leur demandai ce que signifiait ce monument : les uns purent à peine me le dire, les autres ignoraient la catastrophe qu'il retraçait. Rien ne m'a plus donné la juste mesure des événements de la vie et du peu que nous sommes. Que sont devenus ces personnages qui firent tant de bruit ? Le temps a fait un pas, et la face de la terre a été renouvelée.

« Je recherchai surtout dans mes voyages les artistes, et ces hommes divins qui chantent les dieux sur la lyre et la félicité des peuples qui honorent les lois, la religion et les tombeaux.

« Ces chantres sont de race divine ; ils possèdent le seul talent incontestable dont le ciel ait fait présent à la terre. Leur vie est à la fois naïve et sublime ; ils célèbrent les dieux avec une bouche d'or, et sont les plus

---

[1] A Londres, derrière White-Hall, la statue de Charles II.

simples des hommes; ils causent comme des immortels ou comme de petits enfants; ils expliquent les lois de l'univers, et ne peuvent comprendre les affaires les plus innocentes de la vie; ils ont des idées merveilleuses de la mort, et meurent, sans s'en apercevoir, comme des nouveau-nés.

« Sur les monts de la Calédonie, le dernier barde qu'on ait ouï dans ces déserts me chanta des poëmes dont un héros consolait jadis sa vieillesse. Nous étions assis sur quatre pierres rongées de mousse; un torrent coulait à nos pieds; le chevreuil paissait à quelque distance parmi les débris d'une tour, et le vent des mers sifflait sur la bruyère de Cona. Maintenant la religion chrétienne, fille aussi des hautes montagnes, a placé des croix sur les monuments des héros de Morven, et touché la harpe de David au bord du même torrent où Ossian fit gémir la sienne. Aussi pacifique que les divinités de Selma étaient guerrières, elle garde des troupeaux où Fingal livrait des combats, et elle a répandu des anges de paix dans les nuages qu'habitaient des fantômes homicides.

« L'ancienne et riante Italie m'offrit la foule de ses chefs-d'œuvre. Avec quelle sainte et poétique horreur j'errais dans ces vastes édifices consacrés par les arts à la religion! Quel labyrinthe de colonnes! quelle succession d'arches et de voûtes! Qu'ils sont beaux, ces bruits qu'on entend autour des dômes, semblables aux rumeurs des flots dans l'Océan, aux murmures des vents dans les forêts, ou à la voix de Dieu dans son temple! L'architecte bâtit, pour ainsi dire, les idées du poëte, et les fait toucher aux sens.

« Cependant qu'avais-je appris jusqu'alors avec tant de fatigue? Rien de certain parmi les anciens, rien de beau parmi les modernes. Le passé et le présent sont deux statues incomplètes : l'une a été retirée toute mutilée du débris des âges, l'autre n'a pas encore reçu sa perfection de l'avenir.

« Mais peut-être, mes vieux amis, vous surtout, habitants du désert, êtes-vous étonnés que, dans ce récit de mes voyages, je ne vous aie pas une seule fois entretenus des monuments de la nature ?

« Un jour j'étais monté au sommet de l'Etna, volcan qui brûle au milieu d'une île. Je vis le soleil se lever dans l'immensité de l'horizon au-dessous de moi, la Sicile resserrée comme un point à mes pieds, et la mer déroulée au loin dans les espaces. Dans cette vue perpendiculaire du tableau, les fleuves ne me semblaient plus que des lignes géographiques tracées sur une carte; mais, tandis que d'un côté mon œil apercevait ces objets, de l'autre il plongeait dans le cratère de l'Etna, dont je découvrais les entrailles brûlantes entre les bouffées d'une noire vapeur.

« Un jeune homme plein de passions, assis sur la bouche d'un volcan, et pleurant sur les mortels dont à peine il voyait à ses pieds les demeures, n'est sans doute, ô vieillards, qu'un objet digne de votre pitié; mais, quoi que vous puissiez penser de René, ce tableau vous offre l'image de son caractère et de son existence : c'est ainsi que toute ma vie j'ai eu devant les yeux une création à la fois immense et imperceptible, et un abîme ouvert à mes côtés. »

En prononçant ces derniers mots, René se tut, et tomba subitement dans la rêverie. Le père Souël le regardait avec étonnement; et le vieux sachem aveugle, qui n'entendait plus parler le jeune homme, ne savait que penser de ce silence.

René avait les yeux attachés sur un groupe d'Indiens qui passaient gaiement dans la plaine. Tout à coup sa physionomie s'attendrit, des larmes coulent de ses yeux; il s'écrie :

« Heureux Sauvages ! oh ! que ne puis-je jouir de la paix qui vous accompagne toujours ! Tandis qu'avec si peu de fruit je parcourais tant de contrées, vous, assis tranquillement sous vos chênes, vous laissiez couler les jours sans les compter. Votre raison n'était que vos besoins, et vous arriviez, mieux que moi, au résultat de la sagesse, comme l'enfant, entre les jeux et le sommeil. Si cette mélancolie qui s'engendre de l'excès du bonheur atteignait quelquefois votre âme, bientôt vous sortiez de cette tristesse passagère, et votre regard levé vers le ciel cherchait avec attendrissement ce je ne sais quoi inconnu, qui prend pitié du pauvre Sauvage. »

Ici la voix de René expira de nouveau, et le jeune homme pencha la tête sur sa poitrine. Chactas, étendant le bras dans l'ombre et prenant le bras de son fils, lui cria d'un ton ému : « Mon fils ! mon cher fils ! » A ces accents, le frère d'Amélie revenant à lui, et rougissant de son trouble, pria son père de lui pardonner.

Alors le vieux Sauvage : « Mon jeune ami, les mou-
« vements d'un cœur comme le tien ne sauraient être
« égaux; modère seulement ce caractère qui t'a déjà
« fait tant de mal. Si tu souffres plus qu'un autre des
« choses de la vie, il ne faut pas t'en étonner : une
« grande âme doit contenir plus de douleurs qu'une
« petite. Continue ton récit. Tu nous as fait parcourir
« une partie de l'Europe, fais-nous connaître ta patrie.
« Tu sais que j'ai vu la France, et quels liens m'y ont

« attaché; j'aimerai à entendre parler de ce grand
« chef[1], qui n'est plus, et dont j'ai visité la superbe
« cabane. Mon enfant, je ne vis plus que par la mé-
« moire. Un vieillard avec ses souvenirs ressemble au
« chêne décrépit de nos bois : ce chêne ne se décore
« plus de son propre feuillage, mais il couvre quelque-
« fois sa nudité des plantes étrangères qui ont végété
« sur ses antiques rameaux. »

Le frère d'Amélie, calmé par ces paroles, reprit
ainsi l'histoire de son cœur :

« Hélas ! mon père, je ne pourrai t'entretenir de ce
grand siècle, dont je n'ai vu que la fin dans mon enfance, et qui n'était plus lorsque je rentrai dans ma patrie. Jamais un changement plus étonnant et plus soudain ne s'est opéré chez un peuple. De la hauteur du
génie, du respect pour la religion, de la gravité des
mœurs, tout était subitement descendu à la souplesse
de l'esprit, à l'impiété, à la corruption.

« C'était donc bien vainement que j'avais espéré
retrouver dans mon pays de quoi calmer cette inquiétude, cette ardeur de désir qui me suit partout. L'étude
du monde ne m'avait rien appris, et pourtant je n'avais
plus la douceur de l'ignorance.

« Ma sœur, par une conduite inexplicable, semblait
se plaire à augmenter mon ennui; elle avait quitté
Paris quelques jours avant mon arrivée. Je lui écrivis
que je comptais l'aller rejoindre; elle se hâta de me
répondre pour me détourner de ce projet, sous prétexte
qu'elle était incertaine du lieu où l'appelleraient ses affaires. Quelles tristes réflexions ne fis-je point alors
sur l'amitié, que la présence attiédit, que l'absence ef-

---

[1] Louis XIV.

face, qui ne résiste point au malheur, et encore moins à la prospérité !

« Je me trouvai bientôt plus isolé dans ma patrie que je ne l'avais été sur une terre étrangère. Je voulus me jeter pendant quelque temps dans un monde qui ne me disait rien et qui ne m'entendait pas. Mon âme, qu'aucune passion n'avait encore usée, cherchait un objet qui pût l'attacher; mais je m'aperçus que je donnais plus que je ne recevais. Ce n'était ni un langage élevé ni un sentiment profond qu'on demandait de moi. Je n'étais occupé qu'à rapetisser ma vie, pour la mettre au niveau de la société. Traité partout d'esprit romanesque, honteux du rôle que je jouais, dégoûté de plus en plus des choses et des hommes, je pris le parti de me retirer dans un faubourg, pour y vivre totalement ignoré.

« Je trouvai d'abord assez de plaisir dans cette vie obscure et indépendante. Inconnu, je me mêlais à la foule, vaste désert d'hommes !

« Souvent assis dans une église peu fréquentée, je passais des heures entières en méditation. Je voyais de pauvres femmes venir se prosterner devant le Très-Haut, ou des pécheurs s'agenouiller au tribunal de la pénitence. Nul ne sortait de ces lieux sans un visage plus serein, et les sourdes clameurs qu'on entendait au dehors semblaient être les flots des passions et les orages du monde, qui venaient expirer au pied du temple du Seigneur. Grand Dieu, qui vis en secret couler mes larmes dans ces retraites sacrées, tu sais combien de fois je me jetai à tes pieds pour te supplier de me décharger du poids de l'existence, ou de changer en moi le vieil homme ! Ah ! qui n'a senti quelquefois le besoin de se régénérer, de se rajeunir aux eaux du torrent, de retremper son âme à la fontaine de vie ?

Qui ne se trouve quelquefois accablé du fardeau de sa propre corruption, et incapable de rien faire de grand, de noble, de juste ?

« Quand le soir était venu, reprenant le chemin de ma retraite, je m'arrêtais sur les ponts pour voir se coucher le soleil. L'astre, enflammant les vapeurs de la cité, semblait osciller lentement dans un fluide d'or, comme le pendule de l'horloge des siècles. Je me retirais ensuite avec la nuit, à travers un labyrinthe de rues solitaires. En regardant les lumières qui brillaient dans la demeure des hommes, je me transportais par la pensée au milieu des scènes de douleur et de joie qu'elles éclairaient, et je songeais que, sous tant de toits habités, je n'avais pas un ami. Au milieu de mes réflexions, l'heure venait frapper à coups mesurés dans la tour de la cathédrale gothique; elle allait se répétant sur tous les tons, et à toutes les distances, d'église en église. Hélas! chaque heure dans la société ouvre un tombeau, et fait couler des larmes.

« Cette vie, qui m'avait d'abord enchanté, ne tarda pas à me devenir insupportable. Je me fatiguais de la répétition des mêmes scènes et des mêmes idées. Je me mis à sonder mon cœur, à me demander ce que je désirais. Je ne le savais pas; mais je crus tout à coup que les bois me seraient délicieux. Me voilà soudain résolu d'achever dans un exil champêtre une carrière à peine commencée, et dans laquelle j'avais déjà dévoré des siècles.

« J'embrassai ce projet avec l'ardeur que je mets à tous mes desseins; je partis précipitamment pour m'ensevelir dans une chaumière, comme j'étais parti autrefois pour faire le tour du monde.

« On m'accuse d'avoir des goûts inconstants, de ne pouvoir jouir longtemps de la même chimère, d'être la proie d'une imagination qui se hâte d'arriver au fond de mes plaisirs, comme si elle était accablée de leur durée; on m'accuse de passer toujours le but que je puis atteindre : hélas! je cherche seulement un bien inconnu, dont l'instinct me poursuit. Est-ce ma faute si je trouve partout des bornes, si ce qui est fini n'a pour moi aucune valeur? Cependant je sens que j'aime la monotonie des sentiments de la vie; et si j'avais encore la folie de croire au bonheur, je le chercherais dans l'habitude.

« La solitude absolue, le spectacle de la nature, me plongèrent bientôt dans un état presque impossible à décrire. Sans parents, sans amis, pour ainsi dire seul sur la terre, n'ayant point encore aimé, j'étais accablé d'une surabondance de vie. Quelquefois je rougissais subitement, et je sentais couler dans mon cœur comme des ruisseaux d'une lave ardente; quelquefois je poussais des cris involontaires, et la nuit était également troublée de mes songes et de mes veilles. Il me manquait quelque chose pour remplir l'abîme de mon existence : je descendais dans la vallée, je m'élevais sur la montagne, appelant de toute la force de mes désirs l'idéal objet d'une flamme future; je l'embrassais dans les vents, je croyais l'entendre dans les gémissements du fleuve; tout était ce fantôme imaginaire, et les astres dans les cieux, et le principe même de vie dans l'univers.

« Toutefois cet état de calme et de trouble, d'indigence et de richesse, n'était pas sans quelques charmes : un jour je m'étais amusé à effeuiller une branche de saule sur un ruisseau, et à attacher une idée à chaque feuille que le courant entraînait. Un roi, qui craint de perdre sa couronne par une révolution subite, ne ressent pas des angoisses plus vives que les miennes à chaque accident qui menaçait les débris de mon rameau. O faiblesse des mortels! ô enfance du cœur humain, qui ne vieillit jamais! Voilà donc à quel degré de puérilité notre superbe raison peut descendre! Et encore est-il vrai que bien des hommes attachent leur destinée à des choses d'aussi peu de valeur que mes feuilles de saule.

« Mais comment exprimer cette foule de sensations fugitives que j'éprouvais dans mes promenades? Les sons que rendent les passions dans le vide d'un cœur solitaire ressemblent au murmure que les vents et les eaux font entendre dans le silence d'un désert : on en jouit, mais on ne peut les peindre.

« L'automne me surprit au milieu de ces incertitudes : j'entrai avec ravissement dans les mois des tempêtes. Tantôt j'aurais voulu être un de ces guerriers errants au milieu des vents, des nuages et des fantômes; tantôt j'enviais jusqu'au sort du pâtre que je voyais réchauffer ses mains à l'humble feu de broussailles qu'il avait allumé au coin d'un bois. J'écoutais ses chants mélancoliques, qui me rappelaient que dans tout pays le chant naturel de l'homme est triste, lors même qu'il exprime le bonheur. Notre cœur est un instrument incomplet, une lyre où il manque des cordes, et où nous sommes forcés de rendre les accents de la joie sur le ton consacré aux soupirs.

« Le jour, je m'égarais sur de grandes bruyères terminées par des forêts. Qu'il fallait peu de chose à ma rêverie! une feuille séchée que le vent chassait devant moi, une cabane dont la fumée s'élevait dans la cime dépouillée des arbres, la mousse qui tremblait au souffle du nord sur le tronc d'un chêne, une roche écartée, un étang désert où le jonc flétri murmurait! Le clocher solitaire, s'élevant au loin dans la vallée, a souvent attiré mes regards; souvent j'ai suivi des yeux les oiseaux de passage qui volaient au-dessus de ma tête. Je me figurais les bords ignorés, les climats lointains où ils se rendent; j'aurais voulu être sur leurs ailes. Un secret instinct me tourmentait, je sentais que je n'étais moi-même qu'un voyageur; mais une voix du ciel semblait me dire : « Homme, la saison « de ta migration n'est pas encore venue; attends que « le vent de la mort se lève : alors tu déploieras ton « vol vers ces régions inconnues que ton cœur de- « mande. »

« Levez-vous vite, orages désirés, qui devez em- « porter René dans les espaces d'une autre vie! » Ainsi disant, je marchais à grands pas, le visage enflammé, le vent sifflant dans ma chevelure, ne sentant ni pluie ni frimas, enchanté, tourmenté, et comme possédé par le démon de mon cœur.

« La nuit, lorsque l'aquilon ébranlait ma chaumière, que les pluies tombaient en torrents sur mon toit ; qu'à travers ma fenêtre je voyais la lune sillonner les nuages amoncelés, comme un pâle vaisseau qui laboure les vagues, il me semblait que la vie redoublait au fond de mon cœur, que j'aurais eu la puissance de créer des mondes. Ah! si j'avais pu faire partager à un autre les transports que j'éprouvais! O Dieu! si tu m'avais donné une femme selon mes désirs; si, comme à notre premier père, tu m'eusses amené par la main une Ève tirée de moi-même... Beauté céleste, je me serais prosterné devant toi; puis, te prenant dans mes bras, j'aurais prié l'Éternel de te donner le reste de ma vie.

« Hélas! j'étais seul, seul sur la terre! une langueur secrète s'emparait de mon corps. Ce dégoût de la vie, que j'avais ressenti dès mon enfance, revenait avec une force nouvelle. Bientôt mon cœur ne fournit plus d'aliment à ma pensée, et je ne m'apercevais de mon existence que par un profond sentiment d'ennui.

« Je luttai quelque temps contre mon mal, mais avec indifférence, et sans avoir la ferme résolution de le vaincre. Enfin, ne pouvant trouver de remède à cette étrange blessure de mon cœur, qui n'était nulle part et qui était partout, je résolus de quitter la vie.

« Prêtre du Très-Haut, qui m'entendez, pardonnez à un malheureux que le ciel avait presque privé de la raison. J'étais plein de religion, et je raisonnais en impie; mon cœur aimait Dieu, et mon esprit le méconnaissait; ma conduite, mes discours, mes sentiments, mes pensées, n'étaient que contradiction, ténèbres, mensonges. Mais l'homme sait-il bien toujours ce qu'il veut? est-il toujours sûr de ce qu'il pense?

« Tout m'échappait à la fois, l'amitié, le monde, la retraite. J'avais essayé de tout, et tout m'avait été fatal. Repoussé par la société, abandonné d'Amélie, quand la solitude vint à me manquer, que me restait-il? C'était la dernière planche sur laquelle j'avais espéré me sauver, et je la sentais encore s'enfoncer dans l'abîme!

« Décidé que j'étais à me débarrasser du poids de la vie, je résolus de mettre toute ma raison dans cet acte insensé. Rien ne me pressait; je ne fixai point le moment du départ, afin de savourer à longs traits les derniers moments de l'existence, et de recueillir toutes mes forces, à l'exemple d'un ancien, pour sentir mon âme s'échapper.

« Cependant je crus nécessaire de prendre des arrangements concernant ma fortune, et je fus obligé d'écrire à Amélie. Il m'échappa quelques plaintes sur son oubli, et je laissai sans doute percer l'attendrissement qui surmontait peu à peu mon cœur. Je m'imamais pourtant, avoir bien dissimulé mon secret ; mais ma sœur, accoutumée à lire dans les replis de mon âme, le devina sans peine. Elle fut alarmée du ton de contrainte qui régnait dans ma lettre et de mes questions sur des affaires dont je ne m'étais jamais occupé. Au lieu de me répondre, elle me vint tout à coup surprendre.

« Pour bien sentir quelle dut être dans la suite l'amertume de ma douleur, et quels furent mes premiers transports en revoyant Amélie, il faut vous figurer que c'était la seule personne au monde que j'eusse aimée, que tous mes souvenirs se venaient confondre en elle, avec la douceur des souvenirs de mon enfance. Je reçus donc Amélie dans une sorte d'extase de cœur. Il y avait si longtemps que je n'avais trouvé quelqu'un qui m'entendît, et devant qui je pusse ouvrir mon âme !

« Amélie se jetant dans mes bras me dit : « Ingrat,
« tu veux mourir, et ta sœur existe ! Tu soupçonnes
« son cœur ! Ne t'explique point, ne t'excuse point, je
« sais tout ; j'ai tout compris, comme si j'avais été
« avec toi. Est-ce moi que l'on trompe, moi, qui ai vu
« naître tes premiers sentiments ? Voilà ton malheu-
« reux caractère, tes dégoûts, tes injustices. Jure,
« tandis que je te presse sur mon cœur, jure que c'est
« la dernière fois que tu te livreras à tes folies : fais le
« serment de ne jamais attenter à tes jours. »

« En prononçant ces mots, Amélie me regardait avec compassion et tendresse, et couvrait mon front de ses baisers ; c'était presque une mère, c'était quelque chose de plus tendre. Hélas ! mon cœur se rouvrit à toutes les joies ; comme un enfant, je ne demandais qu'à être consolé ; je cédai à l'empire d'Amélie : elle exigea un serment solennel; je le fis sans hésiter, ne soupçonnant même pas que désormais je pusse être malheureux.

« Nous fûmes plus d'un mois à nous accoutumer à l'enchantement d'être ensemble. Quand le matin, au lieu de me trouver seul, j'entendais la voix de ma sœur, j'éprouvais un tressaillement de joie et de bonheur. Amélie avait reçu de la nature quelque chose de divin; son âme avait les mêmes grâces innocentes que son corps; la douceur de ses sentiments était infinie; il n'y avait rien que de suave et d'un peu rêveur dans son esprit; on eût dit que son cœur, sa pensée et sa voix soupiraient comme de concert; elle tenait de la femme la timidité et l'amour, et de l'ange, la pureté et la mélodie.

« Le moment était venu où j'allais expier toutes mes inconséquences. Dans mon délire, j'avais été jusqu'à désirer d'éprouver un malheur, pour avoir du moins un objet réel de souffrance : épouvantable souhait, que Dieu, dans sa colère, a trop exaucé!

« Que vais-je vous révéler, ô mes amis! voyez les pleurs qui coulent de mes yeux. Puis-je même... Il y a quelques jours, rien n'aurait pu m'arracher ce secret... A présent, tout est fini!

« Toutefois, ô vieillards, que cette histoire soit à jamais ensevelie dans le silence : souvenez-vous qu'elle n'a été racontée que sous l'arbre du désert.

« L'hiver finissait, lorsque je m'aperçus qu'Amélie perdait le repos et la santé, qu'elle commençait à me rendre. Elle maigrissait, ses yeux se creusaient, sa démarche était languissante, et sa voix troublée. Un jour, je la surpris tout en larmes au pied d'un crucifix. Le monde, la solitude, mon absence, ma présence, la nuit, le jour, tout l'alarmait. D'involontaires soupirs venaient expirer sur ses lèvres : tantôt elle soutenait, sans se fatiguer, une longue course; tantôt elle se traînait à peine; elle prenait et laissait son ouvrage, ouvrait un livre sans pouvoir lire, commençait une phrase qu'elle n'achevait pas, fondait tout à coup en pleurs, et se retirait pour prier.

« En vain je cherchais à découvrir son secret. Quand je l'interrogeais en la pressant dans mes bras, elle me répondait, avec un sourire, qu'elle était comme moi, qu'elle ne savait pas ce qu'elle avait.

« Trois mois se passèrent de la sorte, et son état devenait pire chaque jour. Une correspondance mystérieuse me semblait être la cause de ses larmes ; car elle paraissait, ou plus tranquille, ou plus émue, selon les lettres qu'elle recevait. Enfin, un matin, l'heure à laquelle nous déjeunions ensemble étant passée, je monte à son appartement ; je frappe : on ne me répond point; j'entr'ouvre la porte : il n'y avait personne dans la chambre. J'aperçois sur la cheminée un paquet à mon adresse. Je le saisis en tremblant, je l'ouvre, et je lis cette lettre, que je conserve pour m'ôter à l'avenir tout mouvement de joie.

RENÉ.

« Le ciel m'est témoin, mon frère, que je donnerais
« mille fois ma vie pour vous épargner un moment
« de peine; mais, infortunée que je suis, je ne puis
« rien pour votre bonheur. Vous me pardonnerez donc
« de m'être dérobée de chez vous comme une coupable;
« je n'aurais jamais pu résister à vos prières, et cepen-
« dant il fallait partir... Mon Dieu ! ayez pitié de moi !

« Vous savez, René, que j'ai toujours eu du pen-
« chant pour la vie religieuse ; il est temps que je mette
« à profit les avertissements du ciel. Pourquoi ai-je
« attendu si tard? Dieu m'en punit. J'étais restée pour

« vous dans le monde.... Pardonnez, je suis toute
« troublée par le chagrin que j'ai de vous quitter.

« C'est à présent, mon cher frère, que je sens bien
« la nécessité de ces asiles contre lesquels je vous ai
« vu souvent vous élever. Il est des malheurs qui nous
« séparent pour toujours des hommes : que devien-
« draient alors de pauvres infortunées?... Je suis per-
« suadée que vous-même, mon frère, vous trouveriez
« le repos dans ces retraites de la religion : la terre
« n'offre rien qui soit digne de vous.

« Je ne vous rappellerai point votre serment : je
« connais la fidélité de votre parole. Vous l'avez juré,
« vous vivrez pour moi. Y a-t-il rien de plus misérable
« que de songer sans cesse à quitter la vie? Pour un
« homme de votre caractère, il est si aisé de mourir!
« Croyez-en votre sœur, il est plus difficile de vivre.

« Mais, mon frère, sortez au plus vite de la solitude
« qui ne vous est pas bonne; cherchez quelque occu-
« pation. Je sais que vous riez amèrement de cette né-
« cessité où l'on est en France de *prendre un état.*
« Ne méprisez pas tant l'expérience et la sagesse de
« nos pères. Il vaut mieux, mon cher René, ressem-
« bler un peu plus au commun des hommes, et avoir
« un peu moins de malheur.

« Peut-être trouveriez-vous dans le mariage un sou-
« lagement à vos ennuis. Une femme, des enfants, oc-
« cuperaient vos jours. Et quelle est la femme qui ne
« chercherait pas à vous rendre heureux! L'ardeur de
« votre âme, la beauté de votre génie, votre air noble
« et passionné, ce regard fier et tendre, tout vous as-
« surerait de son amour et de sa fidélité. Ah! avec
« quelles délices ne te presserait-elle pas dans ses bras
« et sur son cœur! Comme tous ses regards, toutes
« ses pensées seraient attachés sur toi, pour prévenir

« tes moindres peines ! Elle serait tout amour, tout in-
« nocence devant toi ; tu croirais retrouver une sœur.

« Je pars pour le couvent de.... Ce monastère, bâti
« au bord de la mer, convient à la situation de mon
« âme. La nuit, du fond de ma cellule, j'entendrai le
« murmure des flots qui baignent les murs du couvent ;
« je songerai à ces promenades que je faisais avec vous
« au milieu des bois, alors que nous croyions retrouver
« le bruit des mers dans la cime agitée des pins. Ai-
« mable compagnon de mon enfance, est-ce que je ne
« vous verrai plus ? A peine plus âgée que vous, je vous
« balançais dans votre berceau ; souvent nous avons
« dormi ensemble. Ah ! si un même tombeau nous
« réunissait un jour ! Mais non : je dois dormir seule
« sous les marbres glacés de ce sanctuaire, où reposent
« pour jamais ces filles qui n'ont point aimé.

« Je ne sais si vous pourrez lire ces lignes à demi
« effacées par mes larmes. Après tout, mon ami, un peu
« plus tôt, un peu plus tard, n'aurait-il pas fallu nous
« quitter ? Qu'ai-je besoin de vous entretenir de l'in-
« certitude et du peu de valeur de la vie ? Vous vous
« rappelez le jeune M..., qui fit naufrage à l'Ile de
« France. Quand vous reçûtes sa dernière lettre, quel-
« ques mois après sa mort, sa dépouille terrestre n'exis-
« tait même plus ; et l'instant où vous commenciez son
« deuil en Europe était celui où on le finissait aux
« Indes. Qu'est-ce donc que l'homme, dont la mémoire
« périt si vite ? Une partie de ses amis ne peut ap-
« prendre sa mort, que l'autre n'en soit déjà consolée !
« Quoi ! cher et trop cher René, mon souvenir s'effa-
« cera-t-il si promptement de ton cœur ? O mon frère !
« si je m'arrache à vous dans le temps, c'est pour
« n'être pas séparée de vous dans l'éternité.

« Amélie.

« *P.-S.* Je joins ici l'acte de la donation de mes
« biens ; j'espère que vous ne refuserez pas cette mar-
« que de mon amitié. »

« La foudre qui fût tombée à mes pieds ne m'eût
pas causé plus d'effroi que cette lettre. Quel secret
Amélie me cachait-elle ? Qui la forçait si subitement à
embrasser la vie religieuse ? Ne m'avait-elle rattaché
à l'existence par le charme de l'amitié, que pour me
délaisser tout à coup ? Oh ! pourquoi était-elle venue
me détourner de mon dessein ? Un mouvement de pitié l'avait rappelée auprès de moi ; mais, bientôt fatiguée
d'un pénible devoir, elle se hâte de quitter un malheureux qui n'avait qu'elle sur la terre. On croit avoir
tout fait quand on a empêché un homme de mourir !
Telles étaient mes plaintes. Puis, faisant un retour sur
moi-même : Ingrate Amélie, disais-je, si tu avais été
à ma place ; si, comme moi, tu avais été perdue dans
le vide de tes jours, ah ! tu n'aurais pas été abandonnée de ton frère !

« Cependant, quand je relisais la lettre, j'y trouvais
je ne sais quoi de si triste et de si tendre, que tout mon
cœur se fondait. Tout à coup il me vint une idée qui
me donna quelque espérance : je m'imaginai qu'Amélie avait peut-être conçu une passion pour un homme
qu'elle n'osait avouer. Ce soupçon sembla m'expliquer
sa mélancolie, sa correspondance mystérieuse, et le
ton passionné qui respirait dans sa lettre. Je lui écrivis aussitôt, pour la supplier de m'ouvrir son cœur.

« Elle ne tarda pas à me répondre, mais sans me
découvrir son secret : elle me mandait seulement
qu'elle avait obtenu les dispenses du noviciat, et qu'elle
allait prononcer ses vœux.

« Je fus révolté de l'obstination d'Amélie, du mystère de ses paroles, et de son peu de confiance en mon amitié.

« Après avoir hésité un moment sur le parti que j'avais à prendre, je résolus d'aller à B..., pour faire un dernier effort auprès de ma sœur. La terre où j'avais été élevé se trouvait sur la route. Quand j'aperçus les bois où j'avais passé les seuls moments heureux de ma vie, je ne pus retenir mes larmes, et il me fut impossible de résister à la tentation de leur dire un dernier adieu.

« Mon frère aîné avait vendu l'héritage paternel, et le nouveau propriétaire ne l'habitait pas. J'arrivai au château par la longue avenue de sapins; je traversai à pied les cours désertes; je m'arrêtai à regarder les fenêtres fermées ou demi-brisées, le chardon qui croissait au pied des murs, les feuilles qui jonchaient le seuil des portes, et ce perron solitaire où j'avais vu si souvent mon père et ses fidèles serviteurs. Les marches étaient déjà couvertes de mousse; le violier jaune croissait entre leurs pierres déjointes et tremblantes. Un gardien inconnu m'ouvrit brusquement les portes. J'hésitais à franchir le seuil; cet homme s'écria : « Hé « bien! allez-vous faire comme cette étrangère qui « vint ici il y a quelques jours? Quand ce fut pour en-« trer, elle s'évanouit, et je fus obligé de la reporter à « sa voiture. » Il me fut aisé de reconnaître l'étrangère qui, comme moi, était venue chercher dans ces lieux des pleurs et des souvenirs!

« Couvrant un moment mes yeux de mon mouchoir, j'entrai sous le toit de mes ancêtres; je parcourus les appartements sonores où l'on n'entendait que le bruit de mes pas. Les chambres étaient à peine éclairées par la faible lumière qui pénétrait entre les volets fermés : je visitai celle où ma mère avait perdu la vie en me mettant au monde, celle où se retirait mon père, celle où j'avais dormi dans mon berceau, celle enfin où l'amitié avait reçu mes premiers vœux dans le sein d'une sœur, partout les salles étaient détendues, et l'araignée filait sa toile dans les couches abandonnées. Je sortis précipitamment de ces lieux ; je m'en éloignai à grands pas, sans oser tourner la tête. Qu'ils sont doux, mais qu'ils sont rapides, les moments que les frères et les sœurs passent dans leurs jeunes années, réunis sous l'aile de leurs vieux parents ! La famille de l'homme n'est que d'un jour ; le souffle de Dieu la disperse comme une fumée. A peine le fils connaît-il le père, le père le fils, le frère la sœur, la sœur le frère ! Le chêne voit germer ses glands autour de lui ; il n'en est pas ainsi des enfants des hommes !

« En arrivant à B..., je me fis conduire au couvent ; je demandai à parler à ma sœur. On me dit qu'elle ne recevait personne. Je lui écrivis : elle me répondit que, sur le point de se consacrer à Dieu, il ne lui était pas permis de donner une pensée au monde ; que si je l'aimais, j'éviterais de l'accabler de ma douleur. Elle ajoutait : « Cependant, si votre projet est de pa-
« raître à l'autel le jour de ma profession, daignez m'y
« servir de père : ce rôle est le seul digne de votre
« courage, le seul qui convienne à notre amitié et à
« mon repos. »

« Cette froide fermeté qu'on opposait à l'ardeur de mon amitié me jeta dans de violents transports. Tantôt j'étais près de retourner sur mes pas ; tantôt je voulais rester, uniquement pour troubler le sacrifice. L'enfer me suscitait jusqu'à la pensée de me poignarder dans l'église, et de mêler mes derniers soupirs aux vœux qui m'arrachaient ma sœur. La supérieure du couvent me fit prévenir qu'on avait préparé un banc dans le sanctuaire, et elle m'invitait à me rendre à la cérémonie, qui devait avoir lieu dès le lendemain.

« Au lever de l'aube, j'entendis le premier son des cloches.... Vers dix heures, dans une sorte d'agonie, je me traînai au monastère. Rien ne peut plus être tragique, quand on a assisté à un pareil spectacle ; rien ne peut plus être douloureux, quand on y a survécu.

« Un peuple immense remplissait l'église. On me conduit au banc du sanctuaire ; je me précipite à genoux sans presque savoir où j'étais, ni à quoi j'étais résolu. Déjà le prêtre attendait à l'autel ; tout à coup la grille mystérieuse s'ouvre, et Amélie s'avance, parée de toutes les pompes du monde. Elle était si belle, il y avait sur son visage quelque chose de si divin, qu'elle excita un mouvement de surprise et d'admiration. Vaincu par la glorieuse douleur de la sainte, abattu par les grandeurs de la religion, tous mes projets de violence s'évanouirent ; ma force m'abandonna ; je me sentis lié par une main toute-puissante ; et, au lieu de blasphèmes et de menaces, je ne trouvai dans mon cœur que de profondes adorations et les gémissements de l'humilité.

« Amélie se place sous un dais. Le sacrifice commence à la lueur des flambeaux, au milieu des fleurs et des parfums, qui devaient rendre l'holocauste agréable. A l'offertoire, le prêtre se dépouilla de ses ornements, ne conserva qu'une tunique de lin, monta en chaire, et, dans un discours simple et pathétique, peignit le bonheur de la vierge qui se consacre au Seigneur. Quand il prononça ces mots : « Elle a paru « comme l'encens qui se consume dans le feu, » un grand calme et des odeurs célestes semblèrent se répandre dans l'auditoire ; on se sentit comme à l'abri sous les ailes de la colombe mystique, et l'on eût cru voir les anges descendre sur l'autel, et remonter vers les cieux avec des parfums et des couronnes.

« Le prêtre achève son discours, reprend ses vêtements, continue le sacrifice. Amélie, soutenue de deux jeunes religieuses, se met à genoux sur la dernière marche de l'autel. On vient alors me chercher pour remplir les fonctions paternelles. Au bruit de mes pas chancelants dans le sanctuaire, Amélie est prête à défaillir. On me place à côté du prêtre, pour lui présenter les ciseaux. En ce moment, je sens renaître mes transports; ma fureur va éclater, quand Amélie, rappelant son courage, me lance un regard où il y a tant de reproche et de douleur, que j'en suis atterré. La religion triomphe. Ma sœur profite de mon trouble; elle avance hardiment la tête. Sa superbe chevelure tombe de toutes parts sous le fer sacré; une longue robe d'étamine remplace pour elle les ornements du siècle, sans la rendre moins touchante; les ennuis de son front se cachent sous un bandeau de lin; et le voile mystérieux, double symbole de la virginité et de la religion, accompagne sa tête dépouillée. Jamais elle n'avait paru si belle. L'œil de la pénitente était attaché sur la poussière du monde, et son âme était dans le ciel.

« Cependant Amélie n'avait point encore prononcé ses vœux; et pour mourir au monde, il fallait qu'elle passât à travers le tombeau. Ma sœur se couche sur le marbre; on étend sur elle un drap mortuaire: quatre flambeaux en marquent les quatre coins. Le prêtre, l'étole au cou, le livre à la main, commence l'Office des des morts; de jeunes vierges le continuent. O joies de la religion, que vous êtes grandes, mais que vous êtes terribles! On m'avait contraint de me placer à genoux près de ce lugubre appareil. Tout à coup un murmure confus sort de dessous le voile sépulcral; je m'incline, et ces paroles épouvantables (que je fus seul à entendre) viennent frapper mon oreille : « Dieu de « miséricorde, fais que je ne me relève jamais de cette « couche funèbre, et comble de tes biens un frère qui « n'a point partagé ma criminelle passion ! »

« A ces mots échappés du cercueil, l'affreuse vérité m'éclaire ; ma raison s'égare ; je me laisse tomber sur le linceul de la mort, je presse ma sœur dans mes bras ; je m'écrie : « Chaste épouse de Jésus-Christ, reçois « mes derniers embrassements à travers les glaces du « trépas et les profondeurs de l'éternité, qui te séparent « déjà de ton frère ! »

« Ce mouvement, ce cri, ces larmes, troublent la cérémonie : le prêtre s'interrompt, les religieuses ferment la grille, la foule s'agite et se presse vers l'autel ; on m'emporte sans connaissance. Que je sus peu de gré à ceux qui me rappelèrent au jour ! J'appris, en rouvrant les yeux, que le sacrifice était consommé, et que ma sœur avait été saisie d'une fièvre ardente. Elle me faisait prier de ne plus chercher à la voir. O misère de ma vie ! une sœur craindre de parler à un frère, et un frère craindre de faire entendre sa voix à une sœur ! Je sortis du monastère comme de ce lieu d'expiation où des flammes nous préparent pour la vie céleste, où l'on a tout perdu comme aux enfers, hors l'espérance.

« On peut trouver des forces dans son âme contre un malheur personnel ; mais devenir la cause involontaire du malheur d'un autre, cela est tout à fait insupportable. Éclairé sur les maux de ma sœur, je me figurais ce qu'elle avait dû souffrir. Alors s'expliquèrent pour moi plusieurs choses que je n'avais pu comprendre : ce mélange de joie et de tristesse qu'Amélie avait fait paraître au moment de mon départ pour mes voyages, le soin qu'elle prit de m'éviter à mon retour, et cependant cette faiblesse qui l'empêcha si longtemps d'entrer dans un monastère : sans doute la fille malheureuse s'était flattée de guérir! Ses projets de retraite, la dispense du noviciat, la disposition de ses biens en ma faveur, avaient apparemment produit cette correspondance secrète qui servit à me tromper.

« O mes amis! je sus donc ce que c'était que de verser des larmes pour un mal qui n'était point imaginaire! Mes passions, si longtemps indéterminées, se précipitèrent sur cette première proie avec fureur. Je trouvai même une sorte de satisfaction inattendue dans la plénitude de mon chagrin, et je m'aperçus, avec un secret mouvement de joie, que la douleur n'est pas une affection qu'on épuise comme le plaisir.

« J'avais voulu quitter la terre avant l'ordre du Tout-Puissant; c'était un grand crime : Dieu m'avait envoyé Amélie à la fois pour me sauver et pour me punir. Ainsi, toute pensée coupable, toute action criminelle entraîne après elle des désordres et des malheurs. Amélie me priait de vivre, et je lui devais bien de ne pas aggraver ses maux. D'ailleurs (chose étrange!) je n'avais plus envie de mourir depuis que j'étais réellement malheureux. Mon chagrin était devenu une occupation qui remplissait tous mes moments; tant mon cœur est naturellement pétri d'ennui et de misère!

« Je pris donc subitement une autre résolution; je me déterminai à quitter l'Europe, et à passer en Amérique.

« On équipait dans ce moment même, au port de B...., une flotte pour la Louisiane; je m'arrangeai avec un des capitaines de vaisseau; je fis savoir mon projet à Amélie, et je m'occupai de mon départ.

« Ma sœur avait touché aux portes de la mort; mais Dieu, qui lui destinait la première palme des vierges, ne voulut pas la rappeler si vite à lui; son épreuve ici-bas fut prolongée. Descendue une seconde fois dans la pénible carrière de la vie, l'héroïne, courbée sous la croix, s'avança courageusement à l'encontre des douleurs, ne voyant plus que le triomphe dans le combat, et dans l'excès des souffrances, l'excès de la gloire.

« La vente du peu de bien qui me restait, et que je cédai à mon frère, les longs préparatifs d'un convoi, les vents contraires, me retinrent longtemps dans le port. J'allais chaque matin m'informer des nouvelles d'Amélie, et je revenais toujours avec de nouveaux motifs d'admiration et de larmes.

« J'errais sans cesse autour du monastère, bâti au bord de la mer. J'apercevais souvent, à une petite fenêtre grillée qui donnait sur une plage déserte, une religieuse assise dans une attitude pensive; elle rêvait à l'aspect de l'Océan où apparaissait quelque vaisseau, cinglant aux extrémités de la terre. Plusieurs fois, à la clarté de la lune, j'ai revu la même religieuse aux barreaux de la même fenêtre : elle contemplait la mer éclairée par l'astre de la nuit, et semblait prêter l'oreille au bruit des vagues qui se brisaient tristement sur des grèves solitaires.

« Je crois encore entendre la cloche qui, pendant la nuit, appelait les religieuses aux veilles et aux prières. Tandis qu'elle tintait avec lenteur, et que les vierges s'avançaient en silence à l'autel du Tout-Puissant, je courais au monastère : là, seul au pied des murs, j'écoutais dans une sainte extase les derniers sons des cantiques, qui se mêlaient sous les voûtes du temple au faible bruissement des flots.

« Je ne sais comment toutes ces choses, qui auraient dû nourrir mes peines, en émoussaient au contraire l'aiguillon. Mes larmes avaient moins d'amertume, lorsque je les répandais sur les rochers et parmi les vents. Mon chagrin même, par sa nature extraordinaire, portait avec lui quelque remède : on jouit de ce qui n'est pas commun, même quand cette chose est un malheur. J'en conçus presque l'espérance que ma sœur deviendrait à son tour moins misérable.

« Une lettre que je reçus d'elle avant mon départ sembla me confirmer dans ces idées. Amélie se plaignait tendrement de ma douleur, et m'assurait que le temps diminuait la sienne. « Je ne désespère pas de
« mon bonheur, me disait-elle. L'excès même du sa-
« crifice, à présent que le sacrifice est consommé, sert
« à me rendre, quelque paix. La simplicité de mes com-
« pagnes, la pureté de leurs vœux, la régularité de
« leur vie, tout répand du baume sur mes jours. Quand
« j'entends gronder les orages, et que l'oiseau de mer
« vient battre des ailes à ma fenêtre, moi, pauvre co-
« lombe du ciel, je songe au bonheur que j'ai eu de
« trouver un abri contre la tempête. C'est ici la sainte
« montagne, le sommet élevé d'où l'on entend les der-
« niers bruits de la terre et les premiers concerts du
« ciel ; c'est ici que la religion trompe doucement une
« âme sensible : aux plus violentes amours elle substi-
« tue une sorte de chasteté brûlante où l'amante et la
« vierge sont unies ; elle épure les soupirs ; elle change
« en une flamme incorruptible une flamme périssable ;
« elle mêle divinement son calme et son innocence à
« ce reste de trouble et de volupté d'un cœur qui
« cherche à se reposer, et d'une vie qui se retire. »

« Je ne sais ce que le ciel me réserve, et s'il a voulu m'avertir que les orages accompagneraient partout mes pas. L'ordre était donné pour le départ de la flotte ; déjà plusieurs vaisseaux avaient appareillé au baisser du soleil ; je m'étais arrangé pour passer la dernière nuit à terre, afin d'écrire ma lettre d'adieux à Amélie. Vers minuit, tandis que je m'occupe de ce soin, et que je mouille mon papier de mes larmes, le bruit des vents vient frapper mon oreille. J'écoute; et, au milieu de la tempête, je distingue les coups de canon d'alarme, mêlés au glas de la cloche monastique. Je vole sur le rivage, où tout était désert, et où l'on n'entendait que le rugissement des flots. Je m'assieds sur un rocher. D'un côté s'étendent les vagues étincelantes, de l'autre les murs sombres du monastère se perdent confusément dans les cieux. Une petite lumière paraissait à la fenêtre grillée. Était-ce toi, ô mon Amélie, qui, prosternée au pied du crucifix, priais le Dieu des orages d'épargner ton malheureux frère? La tempête sur les flots, le calme dans ta retraite; des hommes brisés sur des écueils, au pied de l'asile que rien ne peut troubler, l'infini de l'autre côté du mur d'une cellule; les fanaux agités des vaisseaux, le phare immobile du couvent; l'incertitude des destinées du navigateur, la vestale connaissant dans un seul jour tous les jours futurs de sa vie; d'une autre part, une âme telle que la tienne, ô Amélie, orageuse comme l'Océan; un naufrage plus affreux que celui du marinier: tout ce tableau est encore profondément gravé dans ma mémoire. Soleil de ce ciel nouveau, maintenant témoin de mes larmes, échos du rivage américain qui répétez les accents de René, ce fut le lendemain de cette nuit terrible qu'appuyé sur le gaillard de mon vaisseau, je vis s'éloigner pour jamais ma terre natale! Je contemplai longtemps sur la côte les derniers balancements des arbres de la patrie, et les faîtes du monastère qui s'abaissaient à l'horizon. »

Comme René achevait de raconter son histoire, il tira un papier de son sein, et le donna au père Souël;

puis, se jetant dans les bras de Chactas, et étouffant ses sanglots, il laissa le temps au missionnaire de parcourir la lettre qu'il venait de lui remettre.

Elle était de la supérieure de.... Elle contenait le récit des derniers moments de la sœur Amélie de la Miséricorde, morte victime de son zèle et de sa charité, en soignant ses compagnes attaquées d'une maladie contagieuse. Toute la communauté était inconsolable, et l'on y regardait Amélie comme une sainte. La supérieure ajoutait que, depuis trente ans qu'elle était à la tête de la maison, elle n'avait jamais vu de religieuse d'une humeur aussi douce et aussi égale, ni qui fût plus contente d'avoir quitté les tribulations du monde.

Chactas pressait René dans ses bras; le vieillard pleurait. « Mon enfant, dit-il à son fils, je voudrais
« que le père Aubry fût ici : il tirait du fond de son
« cœur je ne sais quelle paix qui, en les calmant, ne
« semblait cependant point étrangère aux tempêtes ;
« c'était la lune dans une nuit orageuse : les nuages
« errants ne peuvent l'emporter dans leur course;
« pure et inaltérable, elle s'avance tranquille au-des-
« sus d'eux. Hélas! pour moi, tout me trouble et m'en-
« traîne ! »

Jusqu'alors le père Souël, sans proférer une parole, avait écouté d'un air austère l'histoire de René. Il portait en secret un cœur compatissant, mais il montrait au dehors un caractère inflexible; la sensibilité du sachem le fit sortir du silence :

« Rien, dit-il au frère d'Amélie, rien ne mérite,
« dans cette histoire, la pitié qu'on vous montre ici.
« Je vois un jeune homme entêté de chimères, à qui
« tout déplaît, et qui s'est soustrait aux charges de la
« société pour se livrer à d'inutiles rêveries. On n'est

« point, Monsieur, un homme supérieur, parce qu'on
« aperçoit le monde sous un jour odieux. On ne hait
« les hommes et la vie que faute de voir assez loin.
« Étendez un peu plus votre regard, et vous serez
« bientôt convaincu que tous ces maux dont vous vous
« plaignez sont de purs néants. Mais quelle honte de
« ne pouvoir songer au seul malheur réel de votre
« vie sans être forcé de rougir ! Toute la pureté,
« toute la vertu, toute la religion, toutes les couronnes
« d'une sainte rendent à peine tolérable la seule idée
« de vos chagrins. Votre sœur a expié sa faute ; mais,
« s'il faut dire ici ma pensée, je crains que, par une
« épouvantable justice, un aveu sorti du sein de la
« tombe n'ait troublé votre âme à son tour. Que faites-
« vous seul au fond des forêts où vous consumez vos
« jours, négligeant tous vos devoirs ? Des saints, me
« direz-vous, se sont ensevelis dans les déserts. Ils y
« étaient avec leurs larmes, et employaient à éteindre
« leurs passions le temps que vous perdez peut-être à
« allumer les vôtres. Jeune présomptueux, qui avez
« cru que l'homme se peut suffire à lui-même ! La so-
« litude est mauvaise à celui qui n'y vit pas avec
« Dieu ; elle redouble les puissances de l'âme, en
« même temps qu'elle leur ôte tout sujet pour s'exer-
« cer. Quiconque a reçu des forces, doit les consacrer
« au service de ses semblables ; s'il les laisse inutiles,
« il en est d'abord puni par une secrète misère, et tôt
« ou tard le ciel lui envoie un châtiment effroyable. »

Troublé par ces paroles, René releva du sein de
Chactas sa tête humiliée. Le sachem aveugle se prit à
sourire ; et ce sourire de la bouche, qui ne se mariait
plus à celui des yeux, avait quelque chose de mystérieux et de céleste. « Mon fils, dit le vieil amant d'A-

« tala, il nous parle sévèrement; il corrige et le vieil-
« lard et le jeune homme, et il a raison. Oui, il faut
« que tu renonces à cette vie extraordinaire qui n'est
« pleine que de soucis; il n'y a de bonheur que dans
« les voies communes.

« Un jour le Meschacebé, encore assez près de sa
« source, se lassa de n'être qu'un limpide ruisseau.
« Il demande des neiges aux montagnes, des eaux
« aux torrents, des pluies aux tempêtes; il franchit
« ses rives, et désole ses bords charmants. L'orgueil-
« leux ruisseau s'applaudit d'abord de sa puissance;
« mais voyant que tout devenait désert sur son pas-
« sage, qu'il coulait abandonné dans la solitude, que
« ses eaux étaient toujours troublées, il regretta
« l'humble lit que lui avait creusé la nature, les oi-
« seaux, les fleurs, les arbres et les ruisseaux, jadis
« modestes compagnons de son paisible cours. »

Chactas cessa de parler, et l'on entendit la voix du *flammant* qui, retiré dans les roseaux du Meschacebé, annonçait un orage pour le milieu du jour. Les trois amis reprirent la route de leurs cabanes : René marchait en silence entre le missionnaire qui priait Dieu, et le sachem aveugle qui cherchait sa route. On dit que, pressé par les deux vieillards, il retourna chez son épouse, mais sans y trouver le bonheur. Il périt peu de temps après avec Chactas et le père Souël, dans le massacre des Français et des Natchez à la Louisiane. On montre encore un rocher où il allait s'asseoir au soleil couchant.

FIN DE RENÉ.

MÉLANGES POLITIQUES

DE
LA MONARCHIE SELON LA CHARTE

PRÉFACE DE LA PREMIÈRE ÉDITION.

Si, n'étant que simple citoyen, je me suis cru obligé dans quelques circonstances graves d'élever la voix et de parler à ma patrie, que dois-je donc faire aujourd'hui? Pair et ministre d'État, n'ai-je pas des devoirs bien plus rigoureux à remplir, et mes efforts pour mon roi ne doivent-ils pas être en raison des honneurs dont il m'a comblé?

Comme pair de France, je dois dire la vérité à la France, et je la dirai.

Comme ministre d'État, je dois dire la vérité au roi, et je la dirai.

Si le conseil dont j'ai l'honneur d'être membre était quelquefois assemblé, on pourrait me dire : « Parlez dans le conseil. » Mais ce conseil ne s'assemble pas : il faut donc que je trouve le moyen de faire entendre mes humbles remontrances, et de remplir mes fonctions de ministre.

Si j'avais besoin de prouver par des exemples que les hommes en place ont le droit d'écrire sur les matières d'État, ces exemples ne me manqueraient pas : j'en trouverais plusieurs en France, et l'Angleterre m'en fournirait une longue suite. Depuis Bolingbroke jusqu'à Burke, je pourrais citer un grand nombre de lords, de membres de la chambre des communes, de membres du conseil privé, qui ont écrit sur la politique, en opposition directe avec le système ministériel adopté dans leur pays.

Hé quoi! si la France me semble menacée de nouveaux malheurs; si la légitimité me paraît en péril, il faudra que je me taise, parce que je suis pair et ministre d'État! Mon devoir, au contraire, est de signaler l'écueil, de tirer le canon de détresse, et d'appeler tout le monde au secours. C'est par cette raison que, pour la première fois de ma vie, je signe mes titres, afin d'annoncer mes devoirs, et d'ajouter, si je puis, à cet ouvrage, le poids de mon rang politique.

Ces devoirs sont d'autant plus impérieux, que la liberté individuelle et la liberté de la presse sont suspendues. Qui oserait parler? Puisque la qualité de pair de France me donne, en vertu de la Charte, une sorte d'inviolabilité, je dois en profiter pour rendre à l'opinion publique une partie de sa puissance. Cette opinion me dit : « Vous avez fait des lois qui m'entravent; prenez « donc la parole pour moi, puisque vous me l'avez ôtée. »

Enfin, le public m'a prêté quelquefois une oreille bienveillante : j'ai quelque chance d'être écouté. Si donc en écrivant je peux faire un peu de bien, ma conscience m'ordonne encore d'écrire.

Cette préface se bornerait ici, si je n'avais quelques explications à donner.

Le mot de *royaliste*, dans cet ouvrage, est pris dans

un sens très-étendu : il embrasse tous les royalistes, quelle que soit la nuance de leurs opinions, pourvu que ces opinions ne soient pas dictées par les intérêts *moraux* révolutionnaires[1].

Par *gouvernement représentatif*, j'entends la monarchie telle qu'elle existe aujourd'hui en France, en Angleterre et dans les Pays-Bas, soit qu'on veuille ou qu'on ne veuille pas convenir de la justesse rigoureuse de l'expression.

Quand je parle des fautes, des systèmes, des ordonnances, des projets de loi d'un ministère, je ne fais la part ni du bien ni du mal à chacun des ministres qui composaient ou qui composent ce ministère. Ainsi, je n'ai point ménagé des ministères dans lesquels même j'avais des amis. Je fais, par exemple, profession d'un respect particulier pour M. le chancelier de France : j'ai souvent eu l'occasion de reconnaître en lui cette candeur, cette droiture d'esprit et de cœur, cette rare probité de notre ancienne magistrature. Mes sentiments pour M. le comte de Blacas sont bien connus : je les ai consignés dans mes écrits, dans mes discours à la chambre des pairs. Le roi n'a pas de serviteur plus noble et plus dévoué que M. de Blacas. Il prouve en ce moment même son habileté, par la manière dont il conduit les négociations difficiles dont il est chargé. Plût à Dieu qu'il eût exercé une plus grande influence sur le ministère dont il faisait partie ! Mais enfin ce ministère est tombé dans des fautes énormes, et je l'ai jugé rigoureusement, sans parler ni de M. le chancelier ni de M. de Blacas, qui, loin de partager les systèmes de l'administration, n'avaient pas cessé un moment de les combattre. Toutefois, dans un écrit où je traite des

---

[1] On verra dans le cours de cet ouvrage ce que j'entends par les intérêts *moraux* révolutionnaires.

principes de la *monarchie représentative*, j'ai dû admettre le principe qu'une mesure ministérielle est l'ouvrage du ministère.

PRÉFACE DE L'ÉDITION DE 1827.

La publication de *la Monarchie selon la Charte* a été une des grandes époques de ma vie : elle m'a fait prendre rang parmi les publicistes, et elle a servi à fixer l'opinion sur la nature de notre gouvernement. Je ne cesserai de le répéter : hors la Charte, point de salut. C'est le seul abri qui nous reste contre la république et contre le despotisme militaire : qui ne voit pas cela est aveugle-né.

Comme ce qui m'arrive ne ressemble jamais à rien, *la Monarchie selon la Charte* me fit ôter une place obtenue à Gand, et réputée jusqu'alors inamovible. Ce que je regrettai, ce ne fut pas cette place : ce fut la vente de mes livres, forcée par ma nouvelle situation, et surtout de la petite retraite que j'avais plantée de mes mains, et acquise du fruit des succès du *Génie du Christianisme*. L'homme de vertu qui a depuis habité cette retraite m'en a rendu la perte moins pénible. Mais il n'est pas bon de se mêler, même accidentellement, à ma fortune : cet homme de vertu n'est plus.

J'ai eu l'honneur d'être dépouillé trois fois pour la légitimité : la première, pour avoir suivi les fils de saint Louis dans leur exil; la seconde, pour avoir écrit en faveur des principes de la monarchie que le roi nous avait octroyée; la troisième, pour m'être tu sur une loi funeste, et pour avoir contribué à maintenir l'Europe en paix pendant cette campagne si glorieuse pour un fils de France, et qui a rendu une armée au drapeau blanc.

Les bourreaux qui avaient tué mon frère ne m'ont pas laissé mon patrimoine : c'est dans l'ordre; mais je ne puis m'empêcher d'engager les ministres futurs à se défendre de ces mesures précipitées, sujettes à de graves inconvénients. En me frappant, on n'a frappé qu'un dévoué serviteur du roi, et l'ingratitude est à l'aise avec la fidélité; toutefois, il peut y avoir tels hommes moins soumis et telles circonstances dont ils ne serait pas bon d'abuser : l'histoire le prouve. Je ne suis ni le prince Eugène, ni Voltaire, ni Mirabeau ; et quand je posséderais leur puissance, j'aurais horreur de les imiter dans leur ressentiment. Mais comme j'ai eu lieu de connaître mieux qu'un autre le mal que font à mon pays les divisions et les injustices, j'exhorte les hommes en pouvoir à les éviter. Il y a quelques mois que je me serais bien gardé de faire ces réflexions, dans la crainte qu'on ne les prît, ou pour la menace de la forfanterie, ou pour le regret de l'ambition, ou pour la plainte de la faiblesse : on ne les saurait considérer aujourd'hui que comme un conseil aussi important que désintéressé.

DE

LA MONARCHIE SELON LA CHARTE

CHAPITRE I.

EXPOSÉ.

La France veut son roi légitime.
Il y a trois manières de vouloir le roi légitime :
1° Avec l'ancien régime ;
2° Avec le despotisme ;
3° Avec la Charte.

Avec l'ancien régime, il y a impossibilité : nous l'avons prouvé ailleurs.

Avec le despotisme, il faut avoir, comme Buonaparte, six cent mille soldats dévoués, un bras de fer, un esprit tourné vers la tyrannie : je ne vois rien de tout cela. Je sais bien comment on établit le despotisme ; je ne sais pas comment on ferait un despote dans la famille des Bourbons.

Reste donc la monarchie avec la Charte.

C'est la seule bonne aujourd'hui : c'est, d'ailleurs, la seule possible ; cela tranche la question.

CHAPITRE II.

SUITE DE L'EXPOSÉ.

Partons donc de ce point que nous avons une Charte, que nous ne pouvons avoir autre chose que cette Charte.

Mais depuis que nous vivons sous l'empire de la Charte, nous en avons tellement méconnu l'esprit et le caractère, que c'est merveille.

A quoi cela tient-il ? A ce qu'emportés par nos passions, nos intérêts, notre humeur, nous n'avons presque jamais voulu nous soumettre à la conséquence tout en disant que nous adoptions le principe ; à ce que nous prétendons maintenir des choses contradictoires et impossibles ; à ce que nous résistons à la nature du gouvernement établi, au lieu d'en suivre le cours ; à ce que, contrariés par des institutions encore nouvelles, nous n'avons pas le courage de braver de légers inconvénients, pour acquérir de grands avantages; en ce qu'ayant pris la liberté pour base de ces institutions, nous nous effrayons, et nous sommes tentés de reculer jusqu'à l'arbitraire, ne comprenant pas comment un gouvernement peut être vigoureux sans cesser d'être constitutionnel.

Je vais essayer de poser quelques vérités d'un usage commun dans la pratique de la monarchie représentative. Je traiterai des *principes,* je tâcherai de démontrer ce qui manque à nos institutions, ce qu'il faut créer, ce qu'il faut détruire, ce qui est raisonnable, ce qui est absurde. Je parlerai ensuite des *systèmes;* je dirai quels sont ceux que l'on a suivis jusqu'ici dans l'administration. J'indiquerai le mal; je finirai par offrir ce que je crois être le remède. Au reste, je ne m'écarterai pas des premières notions du sens commun. Mais il paraît que le sens commun est une chose plus rare que son nom ne semble l'indiquer : la révolution nous a fait oublier tant de choses ! En politique comme en religion, nous en sommes au catéchisme.

CHAPITRE III.

ÉLÉMENTS DE LA MONARCHIE REPRÉSENTATIVE.

Qu'est-ce que le gouvernement représentatif? quelle est son origine? comment s'est-il formé en Europe? comment fut-il établi autrefois en France et en Angleterre? comment se détruisit-il chez nos aïeux, et pourquoi subsista-t-il chez nos voisins? par quelles voies y sommes-nous revenus? Pour toutes ces questions, voyez les *Réflexions politiques.*

Or, le gouvernement établi par la Charte se compose de quatre éléments : de la royauté ou de la prérogative royale, de la chambre des pairs, de la chambre des députés, du ministère. Cette machine, moins compliquée que l'organisation de l'ancienne monarchie avant Louis XIV, est cependant plus délicate, et doit être touchée avec plus d'adresse : la violence la briserait, l'inhabileté en arrêterait le mouvement.

Voyons ce qui manque, et quels embarras se sont rencontrés jusqu'ici dans la nouvelle monarchie.

CHAPITRE IV.

DE LA PRÉROGATIVE ROYALE. PRINCIPE FONDAMENTAL.

La doctrine sur la prérogative royale constitutionnelle est : Que rien ne procède directement du roi dans les actes du gouvernement; que tout est l'œuvre du ministère, même la chose qui se fait au nom du roi et avec sa signature, projets de loi, ordonnances, choix des hommes.

Le roi, dans la monarchie représentative, est une

divinité que rien ne peut atteindre : inviolable et sacrée, elle est encore infaillible; car s'il y a erreur, cette erreur est du ministre et non du roi. Ainsi, on peut tout examiner sans blesser la majesté royale, car tout découle d'un ministère responsable.

CHAPITRE V.

APPLICATION DU PRINCIPE.

Quand donc les ministres alarment des sujets fidèles, quand ils emploient le nom du roi pour faire passer de fausses mesures, c'est qu'ils abusent de notre ignorance, ou qu'ils ignorent eux-mêmes la nature du gouvernement représentatif. Le plus franc royaliste, dans les chambres, peut, sans témérité, écarter le bouclier sacré qu'on lui oppose, et aller droit au ministère; il ne s'agit que de ce dernier, jamais du roi.

Et tout cela est fondé en raison.

Car le roi étant environné de ministres responsables, tandis qu'il s'élève au-dessus de toute responsabilité, il est évident qu'il doit les laisser agir d'après eux-mêmes, puisqu'on s'en prendra à eux seuls de l'événement. S'ils n'étaient que les exécuteurs de la volonté royale, il y aurait injustice à les poursuivre pour des desseins qui ne seraient pas les leurs.

Que fait donc le roi dans son conseil? Il juge, mais il ne force point le ministre. Si le ministre obtempère à l'avis du roi, il est sûr de faire une chose excellente, et qui aura l'assentiment général; s'il s'en écarte, et que, pour maintenir sa propre opinion, il argumente de sa responsabilité, le roi n'insiste plus : le ministre agit, fait une faute, tombe; le roi change son ministre.

Et quand bien même le roi, dans le conseil, eût adopté l'avis du ministère, si cet avis entraîne une fausse mesure, le roi n'est encore pour rien dans tout cela : ce sont les ministres qui ont surpris sa sagesse en lui présentant les choses sous un faux jour, en le trompant par corruption, passion, incapacité. Encore un coup, rien n'est l'ouvrage du roi que la loi sanctionnée, le bonheur du peuple et la prospérité de la patrie.

J'ai appuyé sur cette doctrine, parce qu'elle a été méconnue : on a profité de la passion que la chambre des députés a pour le roi, afin de donner des scrupules à cette chambre admirable. Les députés ont été quelque temps à démêler les véritables intérêts du trône, quand on se servait du nom même du roi pour l'opposer à ses intérêts. Passons du principe général à quelques détails.

CHAPITRE VI.

SUITE DE LA PRÉROGATIVE ROYALE. INITIATIVE. ORDONNANCE DU ROI.

La prérogative royale doit-être plus forte en France qu'en Angleterre ; mais il faudra, tôt ou tard, la débarrasser d'un inconvénient dont le principe est dans la Charte : on a cru fortifier cette prérogative en lui attribuant exclusivement l'initiative ; on l'a au contraire affaiblie.

La forme ici n'a pas moins d'inconvénient que le fond : les ministres apportent aux chambres leur projet de loi dans une ordonnance royale. Cette ordonnance commence par la formule : *Louis, par la grâce de Dieu*, etc. Ainsi les ministres sont forcés de faire parler le roi à la première personne : ils lui font dire qu'il a médité dans sa sagesse leur projet de loi, qu'il l'envoie aux chambres dans sa puissance : puis surviennent des amendements qui sont admis par la couronne ; et la sagesse et la puissance du roi reçoivent un démenti formel. Il faut une seconde ordonnance pour déclarer, encore par la grâce de Dieu, la sagesse et la puissance du roi, que le roi (c'est-à-dire le ministère) s'est trompé.

Et voilà comment un nom sacré se trouve compromis. Il est donc nécessaire que l'ordonnance soit réservée pour la loi complète, ouvrage de la couronne assistée des deux autres branches de la puissance législative, et non pour le projet de loi, qui n'est que le travail des ministres.

En tout, il faut désormais user des ordonnances avec sobriété : le style de l'ordonnance est absolu, parce qu'autrefois le roi était seul souverain législateur ; mais aujourd'hui qu'il a consenti, dans sa magnanimité, à partager les fonctions législatives avec les deux chambres, il est mieux, en matière de loi, que la couronne ne parle impérieusement que pour la loi achevée. Autrement vous placez le pair et le député entre deux puissances législatives, la loi et l'ordonnance ; entre l'ancienne et la nouvelle constitution, entre ce qu'on doit à la loi comme citoyen, et ce que l'on doit à l'ordonnance comme sujet. Comment alors travailler librement à la loi sans blesser la prérogative, ou se taire devant la prérogative, sans cesser d'obéir à sa conscience en votant sur les articles de la loi ? Le nom du roi, mis en avant par les ministres, produirait à la longue l'un ou l'autre de ces graves inconvénients : ou il imprimerait un tel respect, que, toute liberté disparaissant dans les deux chambres, on tomberait sous le despotisme ministériel ; ou il n'enchaînerait pas les volontés, ce qui conduirait au mépris de cette autorité royale, sans laquelle pourtant il n'est point de salut pour nous.

Toutes les convenances seraient choquées en Angleterre, si un membre du parlement s'avisait de citer l'auguste nom du monarque pour combattre ou pour faire un bill.

CHAPITRE VII.

OBJECTIONS.

Mais si les chambres ont seules l'initiative, ou si elles la partagent avec la couronne, ne va-t-on pas voir recommencer cette manie de faire des lois, qui perdit la France sous l'assemblée constituante?

On oublie dans ces comparaisons, si souvent répétées, que l'esprit de la France n'était pas tel alors qu'il est aujourd'hui; que la révolution commençait, et qu'elle finit; que l'on tend au repos, comme on tendait au mouvement; que loin de vouloir détruire, la plus forte envie est de réparer.

On oublie que la constitution n'était pas la même; qu'il n'y avait qu'une assemblée ou deux conseils de même nature, et que la Charte a établi deux chambres formées d'éléments divers; que ces deux chambres se balancent; que l'une peut arrêter ce que l'autre aurait proposé imprudemment.

On oublie que toute motion d'ordre faite et poursuivie spontanément n'est plus possible; que toute proposition doit être déposée par écrit sur le bureau : que si les chambres décident qu'il y a lieu de s'occuper de cette proposition, elle ne peut être développée qu'après un intervalle de trois jours ; qu'elle est ensuite envoyée et distribuée dans les bureaux : ce n'est qu'après avoir passé à travers toutes ces formes dilatoires qu'elle revient aux chambres, modifiée et comme refroidie, pour y rencontrer tous les obstacles, y subir tous les amendements des projets de loi; encore la discussion peut-elle en être retardée, s'il se trouve à l'ordre du jour d'autres affaires qui aient la priorité.

On oublie enfin que le roi a puissance absolue pour rejeter la loi, pour dissoudre les chambres, si le besoin de l'État le requérait.

D'ailleurs, de quoi s'agit-il? d'ôter l'initiative des lois à la couronne? Pas du tout : laissez l'initiative à la couronne, qui s'en servira dans les grandes occasions, pour quelque loi bien éclatante, bien populaire ; mais donnez-la aussi aux chambres qui l'exercent déjà par le fait, puisqu'elles ont le droit de la proposition de loi.

Le développement de la proposition est secret, répond-on, et avec l'initiative la discussion est publique : les assemblées délibérantes ont fait tant de mal à la France, qu'on ne saurait trop se prémunir contre elles.

Mais alors pourquoi une Charte? pourquoi une constitution libre? pourquoi n'avoir pas pris les choses telles qu'elles étaient, un sénat passif, un corps législatif muet? Et voilà comment, par une inconséquence funeste, on veut et on ne veut pas ce que l'on a.

Sait-on ce qui arrivera si nous ne sommes pas plus décidés dans nos vœux, pas plus d'accord avec nous-mêmes? Ou nous détruirons la constitution (et Dieu sait ce qui en résultera), ou nous serons emportés par elle : prenons-y garde, car, dans l'état actuel des choses, elle est probablement plus forte que nous.

CHAPITRE VIII.

CONTRE LA PROPOSITION SECRÈTE DE LA LOI.

Proposition secrète de la loi : idée fausse et contradictoire, élément hétérogène dont il faudra se débarrasser. La proposition secrète de la loi ne peut même jamais être si secrète qu'elle ne parvienne au public défigurée : l'initiative franche est de la nature du gouvernement représentatif. Dans ce gouvernement tout doit être connu, porté au tribunal de l'opinion. Si la discussion aux chambres devient orageuse, cinq membres, en se réunissant, peuvent, aux termes de l'article 44 de la Charte, faire évacuer les tribunes. On conserverait donc, par l'initiative, les avantages du secret, sans perdre ceux de la publicité ; il n'y a donc rien à gagner à préférer la proposition à l'initiative. C'est vouloir se procurer par un moyen ce qu'on obtient déjà par un autre ; c'est compliquer les ressorts, pour se donner ce qu'on peut avoir par un procédé simple et naturel.

L'initiative accordée aux chambres fera disparaître en outre ces définitions de principes généraux, qui, cette année, ont entravé la discussion de chacune de nos lois. On n'entendrait plus parler aussi de l'éternelle doctrine des amendements. Le bon sens veut que les chambres, admises à la confection des lois, aient le droit de proposer dans ces lois tous les changements qui leur semblent utiles (excepté pour le budget, comme je vais le dire). Vouloir fixer des bornes au droit d'amendement ; trouver le point mathématique où l'amendement finit, où la proposition de loi commence ; savoir exactement quand cet amendement empiète, quand il n'empiète pas sur la prérogative, c'est se perdre dans une métaphysique politique, sans rivage et sans fond.

Permettez l'initiative aux chambres; que la loi, si vous le voulez, puisse être également proposée par le gouvernement, mais sans ordonnance formelle, et toutes ces questions oiseuses tomberont. Au lieu de crier à tout propos à la violation de la Charte, à la violation de la prérogative royale; au lieu de rejeter un amendement, non parce qu'il est mauvais en lui-même, mais parce qu'il contrarie une théorie, on sera obligé de combattre son adversaire par des raisons prises dans la nature même de la loi proposée. On ne s'accusera plus mutuellement, les uns de rappeler des principes démocratiques, les autres de prêcher l'obéissance passive : les esprits deviendront plus justes, les cœurs plus unis; il y aura moins de temps perdu.

CHAPITRE IX.

CE QUI RÉSULTE DE L'INITIATIVE LAISSÉE AUX CHAMBRES.

D'ailleurs l'initiative laissée aux chambres est manifestement dans les intérêts du roi : la couronne ne se charge alors que de la proposition des lois populaires, et laisse aux pairs et aux députés tout ce qu'il peut y avoir de rigoureux dans la législation. Ensuite, si la loi ne passe pas, le nom du roi ne s'est pas trouvé mêlé à des discussions où souvent le mouvement de la tribune fait sortir de la convenance. D'une autre part, les ministres ne viendront plus violenter votre conscience, en s'écriant: « C'est la proposition du roi, « c'est sa volonté; jamais il ne consentira à cet amen-« dement. »

Enfin, si les ministres sont habiles, l'initiative des

chambres ne sera jamais que l'initiative ministérielle, car ils auront l'art de faire proposer ce qu'ils voudront. C'est l'avantage de l'anonyme pour un auteur : si l'ouvrage est bon, l'auteur le réclame après le succès ; s'il ne réussit pas, il le laisse à qui la critique veut le donner. Encore le ministre est-il mieux placé que l'auteur ; car, bonne ou mauvaise, la loi que ce ministre a chargé ses amis de proposer doit toujours passer aux chambres, à moins qu'il n'ait adopté le *système de la minorité,* si ingénieusement inventé dans la dernière session. Renoncer à la majorité, c'est vouloir marcher sans pieds, voler sans ailes ; c'est briser le grand ressort du gouvernement représentatif : je le montrerai plus loin.

CHAPITRE X.

OU CE QUI PRÉCÈDE EST FORTIFIÉ.

Voilà les inconvénients de la proposition secrète de la loi par les chambres, et de l'initiative par la couronne ; en voici les absurdités.

Si la proposition passe aux chambres, elle va à la couronne ; si la couronne l'adopte, elle revient aux chambres en forme de projet de loi.

Si les chambres jugent alors à propos de l'amender, elle retourne à la couronne, qui peut à son tour introduire de nouveaux changements, lesquels doivent encore être adoptés par les deux chambres, pour être présentés ensuite à la sanction du roi, qui peut encore ajouter ou retrancher.

Il y a dans le Kiang-Nan, province la plus polie de la Chine, un usage : deux mandarins ont une affaire à traiter ensemble ; le mandarin qui a reçu le premier la visite de l'autre mandarin ne manque pas, par politesse, de l'accompagner jusque chez lui ; celui-ci à son tour, par politesse, se croit obligé de retourner à la maison de son hôte, lequel sait trop bien vivre pour laisser aller seul son honorable voisin, lequel connaît trop bien ses devoirs pour ne pas reconduire encore un personnage si important, lequel.... Quelquefois les deux mandarins meurent dans ce combat de bienséance, et l'affaire avec eux.

CHAPITRE XI.

CONTINUATION DU MÊME SUJET.

L'initiative et la sanction de la loi sont visiblement incompatibles ; car, dans ce cas, c'est la couronne qui approuve ou désapprouve son propre ouvrage. Outre l'absurdité du fait, la couronne est ainsi placée dans une position au-dessous de sa dignité : elle ne peut confirmer un projet de loi que les ministres ont déclaré être le fruit des méditations, avant que les pairs et les députés n'aient examiné et pour ainsi dire approuvé ce projet de loi. N'est-il pas plus noble et plus dans l'ordre que les chambres proposent la loi, et que le roi la juge? Il se présente alors comme le grand et le premier législateur, pour dire : « Cela est bon, cela est mauvais ; je « veux ou ne veux pas. » Chacun conserve son rang : ce n'est plus un sujet obscur qui s'avise de contrôler une loi proposée au nom du souverain maître et seigneur.

L'initiative, loin d'être favorable au trône, est donc antimonarchique, puisqu'elle déplace les pouvoirs : les Anglais l'ont très-raisonnablement attribuée aux chambres.

CHAPITRE XII.

QUESTION.

Dans le gouvernement représentatif, s'écrie-t-on, le roi n'est donc qu'une vaine idole? On l'adore sur l'autel, mais il est sans action et sans pouvoir.

Voilà l'erreur. Le roi, dans cette monarchie, est plus absolu que ses ancêtres ne l'ont jamais été, plus puissant que le sultan à Constantinople, plus maître que Louis XIV à Versailles.

Il ne doit compte de sa volonté et de ses actions qu'à Dieu.

Il est le chef ou l'évêque extérieur de l'Église gallicane.

Il est le père de toutes les familles particulières, en les rattachant à lui par l'instruction publique.

Seul il rejette ou sanctionne la loi; toute loi émane donc de lui; il est donc souverain législateur.

Il s'élève même au-dessus de la loi, car lui seul peut faire grâce et parler plus haut que la loi.

Seul il nomme et déplace les ministres à volonté, sans opposition, sans contrôle : toute l'administration découle donc de lui; il en est donc le chef suprême.

L'armée ne marche que par ses ordres.

Seul il fait la paix et la guerre.

Ainsi, le premier dans l'ordre religieux, moral et politique, il tient dans sa main les mœurs, les lois, l'administration, l'armée, la paix et la guerre.

S'il retire cette main royale, tout s'arrête.

S'il l'étend, tout marche.

Il est si bien tout par lui-même, qu'ôter le roi, il n'y a plus rien.

Que regrettez-vous donc pour la couronne? Seraient-ce les millions d'entraves dont la royauté était jadis embarrassée, et le pouvoir qu'un ministre avait de vous mettre à la Bastille? Vous vous trompez encore quand vous supposez que la couronne pouvait agir autrefois avec plus d'indépendance ou plus de force qu'aujourd'hui. Quel roi de France, dans l'ancienne monarchie, aurait pu lever l'impôt énorme que le budget a établi? Quel roi aurait pu faire usage d'un pouvoir aussi violent que celui dont les lois sur la liberté de la presse, la liberté individuelle et les cris séditieux ont investi la couronne?

De l'examen de la prérogative royale, passons à l'examen de la chambre des pairs.

CHAPITRE XIII.

DE LA CHAMBRE DES PAIRS. PRIVILÉGES NÉCESSAIRES.

Si, avant d'avoir reçu de la munificence toute gratuite du roi la haute dignité de la pairie, je n'avais pas réclamé, pour la chambre des pairs, ce que je vais encore demander aujourd'hui, une certaine pudeur m'empêcherait peut-être de parler; mais mon opinion imprimée ayant devancé des honneurs qui surpassent de beaucoup les très-faibles services que j'ai pu rendre à la cause royale, je puis donc m'exprimer sans détours.

Il manque encore à la chambre des pairs de France, non dans ses intérêts particuliers, mais dans ceux du roi et du peuple, des priviléges, des honneurs et de la fortune.

Néanmoins, dans le rapport que j'eus l'honneur de faire au roi à Gand dans son conseil, en indiquant la nécessité d'instituer l'hérédité de la pairie (tant pour consacrer les principes de la Charte que pour prouver que l'on voulait sincèrement ce que l'on avait promis), je ne prétendais pas conseiller de faire à la fois tous les pairs héréditaires. Un certain nombre de pairs, pris parmi les anciens et les nouveaux pairs, m'aurait d'abord paru suffire. Le ministère dont l'ordonnance du 19 août 1815 est l'ouvrage n'a peut-être pas assez vu tout ce que cette ordonnance enlevait à la couronne. Le roi, providence de la France, et qui, comme cette providence, répand les bienfaits à pleines mains, a consenti à une générosité toujours au-dessous de sa munificence : il ne s'est rien réservé de ce qu'il pouvait donner. Et pourtant quelle source de récompenses est tarie par l'acte ministériel ! Quel noble sujet enlevé à une noble ambition ! Que n'eût point fait un pair à vie, pour devenir pair héréditaire, pour constituer dans sa famille une si haute et si importante dignité !

La même ordonnance semble ôter au roi la faculté de faire à l'avenir des pairs à vie; mais il y a sans doute sur ce point quelque vice de rédaction. La Charte, article 27, dit positivement : « Le roi peut nommer les « pairs *à vie*, ou les rendre héréditaires, selon sa vo- « lonté. »

CHAPITRE XIV.

SUBSTITUTIONS : QU'ELLES SONT DE L'ESSENCE DE LA PAIRIE.

Je ne répéterai point, sur les honneurs et les priviléges à accorder à la pairie, ce que j'ai dit dans les *Réflexions politiques*. J'ajouterai seulement qu'il faudra tôt ou tard rétablir pour les pairs l'usage des substitutions, par ordre de primogéniture. Passées des lois romaines dans nos anciennes lois, mais pour y maintenir d'autres principes, les substitutions entrent dans la constitution monarchique. Le retrait lignager en serait un appendice heureux : inventé à l'époque où les fiefs devinrent héréditaires, il rattacherait la dignité à la glèbe; et la terre noble ferait le noble plus sûrement que la volonté politique.

Stat fortuna domus, et avi numerantur avorum.

Tel est le moyen de rétablir en France des familles aristocratiques, barrière et sauvegarde du trône. Sans priviléges et sans propriétés, la pairie est un mot vide de sens, une institution qui ne remplit pas son but. Si la chambre des pairs a moins d'honneurs et de propriétés territoriales que la chambre des députés, la balance est rompue : le principe de l'aristocratie est déplacé, et va se réunir au principe démocratique dans la chambre des députés. Cette dernière chambre acquerra alors une prépondérance inévitable et dangereuse, en joignant à sa popularité naturelle l'égalité des titres et la supériorité de la fortune.

Quand et comment faut-il exécuter ce que je propose pour la chambre des pairs? On l'apprendra du temps; mais quoi qu'on fasse, il faudra en venir là, ou la monarchie représentative ne se constituera pas en France.

Au reste, les séances de la chambre des pairs doivent être publiques, sinon par la loi, du moins par l'usage, comme en Angleterre. Sans cette publicité, la chambre des pairs n'a pas assez d'action sur l'opinion, et laisse encore un trop grand avantage à la chambre des députés.

L'intérêt du ministère réclame également cette publicité : l'attaque légale contre les ministres commence à la chambre des députés, et la défense a lieu dans la chambre des pairs. L'attaque est donc publique, tandis que la défense est secrète? Les principes de deux jurisprudences opposées sont donc employés dans le même procès? Il y a contradiction dans la loi, et lésion pour la partie.

Quittons la chambre des pairs : venons à la chambre des députés.

CHAPITRE XV.

DE LA CHAMBRE DES DÉPUTÉS. SES RAPPORTS AVEC LES MINISTRES.

Notre chambre des députés serait parfaitement constituée si les lois sur les élections et sur la responsabilité des ministres étaient faites; mais il manque encore à cette chambre la connaissance de quelques-uns de ses pouvoirs, de quelques-unes de ces vérités filles de l'expérience.

Il faut d'abord qu'elle sache se faire respecter. Elle ne doit pas souffrir que les ministres établissent en principe qu'ils sont indépendants des chambres; qu'ils peuvent refuser de venir, lorsqu'elles désireraient leur présence. En Angleterre, non-seulement les ministres sont interrogés sur des bills, mais encore sur des actes administratifs, sur des nominations, et mêmes sur des nouvelles de gazettes.

Si on laisse passer cette grande phrase, que les ministres du roi ne doivent compte qu'au roi de leur *administration,* on entendra bientôt par *administration* tout ce qu'on voudra : des ministres incapables pourront perdre la France à leur aise; et les chambres, devenues leurs esclaves, tomberont dans l'avilissement.

Quel moyen les chambres ont-elles de se faire écouter? Si les ministres refusent de répondre, elles en seront pour leur interpellation, compromettront leur dignité, et paraîtront ridicules, comme on l'est en France quand on fait une fausse démarche.

La chambre des députés a plusieurs moyens de maintenir ses droits.

Posons donc les principes :

Les chambres ont le droit de demander tout ce qu'elles veulent aux ministres.

Les ministres doivent toujours répondre, toujours venir, quand les chambres paraissent le souhaiter.

Les ministres ne sont pas toujours obligés de donner les explications qu'on leur demande; ils peuvent les refuser, mais en motivant ce refus sur des raisons d'État dont les chambres seront instruites quand il en sera temps. Les chambres traitées avec cet égard n'iront pas plus loin. Lorsqu'un ministre a désiré d'obtenir un crédit de six millions sur le grand-livre, il a donné sa parole d'honneur, et les députés n'ont pas demandé d'autres éclaircissements. *Foi de gentilhomme* est un vieux gage sur lequel les Français trouveront toujours à emprunter.

D'ailleurs les chambres ne se mêleront jamais d'administration, ne feront jamais de demandes inquiétantes; elles n'exposeront jamais les ministres à se compromettre, si les ministres sont ce qu'ils doivent être, c'est-à-dire maîtres des chambres par le *fond*, et leurs serviteurs par la *forme*.

Quel moyen conduit à cet heureux résultat? Le moyen le plus simple du monde : le ministère doit disposer de la majorité, et marcher avec elle; sans cela point de gouvernement.

Je sais bien que cette espèce d'autorité que les chambres exercent sur le ministère pendant les sessions rappelle à l'esprit les envahissements de l'assemblée constituante ; mais, encore une fois, toute comparaison de ce qui est aujourd'hui à ce qui fut alors est boiteuse. L'expérience de nos temps de malheur n'autorise point à dire que la monarchie représentative ne peut pas s'établir en France : le gouvernement qui existait à cette époque n'était point la monarchie représentative fondée sur des principes naturels, par la véritable division des pouvoirs. Une assemblée unique, un roi dont le *veto* n'était pas absolu ! Qu'y a-t-il de commun entre l'ordre établi par l'assemblée constituante et l'ordre politique fondé par la Charte? Usons de cette Charte : si rien ne marche avec elle, alors nous pourrons affirmer que le génie français est incompatible avec le gouvernement représentatif, jusque-là nous n'avons pas le droit de condamner ce que nous n'avons jamais eu.

CPAPITRE XVI.

QUE LA CHAMBRE DES DÉPUTÉS DOIT SE FAIRE RESPECTER AU DEHORS PAR LES JOURNAUX.

La chambre des députés ne doit pas permettre qu'on l'insulte *collectivement* dans les journaux, ou qu'on altère les discours de ses membres.

Tant que la presse sera captive, les députés ont le droit de demander compte au ministère des délits de la presse ; car, dans ce cas, ce sont les censeurs qui sont coupables, et les censeurs sont les agents des ministres.

Lorsque la presse deviendra libre, les députés doivent mander à la barre le libelliste, ou le faire poursuivre dans toute la rigueur des lois par-devant les tribunaux.

En attendant l'époque qui délivrera la presse de ses entraves, il serait bon que la chambre eût à elle un journal où ses séances, correctement imprimées, deviendraient la condamnation ou la justification des gazettes officielles.

Mais ce qu'il faut surtout, c'est la liberté de la presse. Que la chambre se hâte de la réclamer : je vais en donner les raisons.

CHAPITRE XVII.

DE LA LIBERTÉ DE LA PRESSE.

Point de gouvernement représentatif sans la liberté de la presse. Voici pourquoi :

Le gouvernement représentatif s'éclaire par l'opinion publique, et est fondé sur elle. Les chambres ne peuvent connaître cette opinion, si cette opinion n'a point d'organes.

Dans un gouvernement représentatif, il y a deux tribunaux : celui des chambres, où les intérêts particuliers de la nation sont jugés; celui de la nation elle-même, qui juge en dehors les deux chambres.

Dans les discussions qui s'élèvent nécessairement entre le ministère et les chambres, comment le public connaîtra-t-il la vérité, si les journaux sont sous la censure du ministère, c'est-à-dire sous l'influence d'une des parties intéressées? Comment le ministère et les chambres connaîtront-ils l'opinion publique qui fait la volonté générale, si cette opinion ne peut librement s'expliquer?

CHAPITRE XVIII.

QUE LA PRESSE ENTRE LES MAINS DE LA POLICE ROMPT LA BALANCE CONSTITUTIONNELLE.

Il faut dans une monarchie constitutionnelle, que le pouvoir des chambres et celui du ministère soient en harmonie. Or, si vous livrez la presse au ministère, vous lui donnez le moyen de faire pencher de son côté tout le poids de l'opinion publique, et de se servir de cette opinion contre les chambres : la constitution est en péril.

CHAPITRE XIX.

CONTINUATION DU MÊME SUJET.

Qu'arrive-t-il lorsque les journaux sont, par le moyen de la censure, entre les mains du ministère? Les ministres font admirer, dans les gazettes qui leur appartiennent, tout ce qu'ils ont dit, tout ce qu'a fait, tout ce qu'a dit leur parti *intra muros* et *extra*. Si, dans les journaux dont ils ne disposent pas entièrement ils ne peuvent obtenir les mêmes résultats, du moins ils peuvent forcer les rédacteurs à se taire.

J'ai vu des journaux non ministériels suspendus pour avoir loué telle ou telle opinion.

J'ai vu des discours de la chambre des députés mutilés par la censure sur l'épreuve de ces journaux.

J'ai vu apporter les défenses spéciales de parler de tel événement, de tel écrit qui pouvait influer sur l'opinion publique d'une manière désagréable aux ministres.

J'ai vu destituer un censeur qui avait souffert onze années de détention comme royaliste, pour avoir laissé passer un article en faveur des royalistes.

Enfin, comme on a senti que des ordres de la police, envoyés par écrit aux bureaux des feuilles publiques, pouvaient avoir des inconvénients, on a tout dernièrement supprimé cet ordre, en déclarant aux journalistes qu'ils ne recevraient plus que des *injonctions verbales*. Par ce moyen les preuves disparaîtront, et l'on pourra mettre sur le compte des *rédacteurs* des gazettes tout ce qui sera l'ouvrage des *injonctions ministérielles*.

C'est ainsi que l'on fait naître une fausse opinion en France, qu'on abuse celle de l'Europe; c'est ainsi qu'il n'y a point de calomnies dont on n'ait essayé de flétrir la chambre des députés. Si l'on n'eût pas été si contradictoire et si absurde dans ces calomnies; si, après avoir appelé les députés des aristocrates, des ultra-royalistes, des ennemis de la Charte, des *jacobins blancs*, on ne les avait pas ensuite traités de démocrates, d'ennemis de la prérogative royale, de factieux, de *jacobins noirs*, que ne serait-on pas parvenu à faire croire?

Il est de toute impossibilité, il est contre tous les principes d'une monarchie représentative, de livrer exclusivement la presse au ministère, de lui laisser le droit d'en disposer selon ses intérêts, ses caprices et ses passions, de lui donner moyen de couvrir ses fautes et de corrompre la vérité. Si la presse eût été libre, ceux qui ont tant attaqué les chambres auraient été traduits à leur tour au tribunal, et l'on aurait vu de quel côté se trouvaient l'habileté, la raison et la justice.

Soyons conséquents : ou renonçons au gouvernement représentatif, ou ayons la liberté de la presse : il n'y a point de constitution libre qui puisse exister avec les abus que je viens de signaler.

CHAPITRE XX.

DANGERS DE LA LIBERTÉ DE LA PRESSE; JOURNAUX. LOIS FISCALES.

Mais la liberté de la presse a des dangers. Qui l'ignore? Aussi cette liberté ne peut exister qu'en ayant derrière elle une loi forte, *immanis lex*, qui prévienne la prévarication par la ruine, la calomnie par l'infamie, les écrits séditieux par la prison, l'exil, et quelquefois par la mort : le Code a sur ce point la loi unique. C'est aux risques et périls de l'écrivain que je demande pour lui la liberté de la presse ; mais il la faut, cette liberté, ou, encore une fois, la constitution n'est qu'un jeu.

Quant aux journaux, qui sont l'arme la plus dangereuse, il est d'abord aisé d'en diminuer l'abus, en obligeant les propriétaires des feuilles périodiques, comme les notaires et autres agents publics, à fournir un cautionnement. Ce cautionnement répondrait des amendes, peine la plus juste et la plus facile à appliquer. Je le fixerais au capital que suppose la contribution directe de 1,000 francs, que tout citoyen doit payer pour être élu membre de la chambre des députés. Voici ma raison :

Une gazette est une tribune : de même qu'on exige du député appelé à discuter les affaires que son intérêt, comme propriétaire, l'attache à la propriété commune, de même le journaliste qui veut s'arroger le droit de parler à la France doit être aussi un homme qui ait quelque chose à gagner à l'ordre public et à perdre au bouleversement de la société.

Vous seriez par ce moyen débarrassé de la foule des papiers publics. Les journalistes, en petit nombre, qui pourraient fournir ce cautionnement, menacés par une loi formidable, exposés à perdre la somme consignée, apprendraient à mesurer leurs paroles. Le danger réel disparaîtrait : l'opinion des chambres, celle du ministère et celle du public seraient connues dans toute leur vérité.

L'opinion publique doit être d'autant plus indépendante aujourd'hui, que l'article 4 de la Charte est suspendu. En Angleterre, lorsque l'*habeas corpus* dort, la liberté de la presse veille : sœur de la liberté individuelle, elle défend celle-ci tandis que ses forces sont enchaînées, et l'empêche de passer du sommeil à la mort.

CHAPITRE XXI.

LIBERTÉ DE LA PRESSE PAR RAPPORT AUX MINISTRES.

Les ministres seront harcelés, vexés, inquiétés par la liberté de la presse; chacun leur donnera son avis. Entre les louanges, les conseils et les outrages, il n'y aura pas moyen de gouverner.

Des ministres véritablement constitutionnels ne demanderont jamais que, pour leur épargner quelques désagréments, on expose la constitution. Ils ne sacrifieront pas aux misérables intérêts de leur amour-propre la dignité de la nature humaine; ils ne transporteront point sous la monarchie les irascibilités de l'aristocratie. « Dans l'aristocratie, dit Montesquieu, les magis-
« trats sont de petits souverains qui ne sont pas assez
« grands pour mépriser les injures. Si dans la monar-
« chie quelque trait va contre le monarque, il est si
« haut, que le trait n'arrive point jusqu'à lui. Un sei-
« gneur aristocratique en est percé de part en part. »

Que les ministres se persuadent bien qu'ils ne sont point des seigneurs aristocratiques. Ils sont les agents d'un roi constitutionnel dans une monarchie représentative. Les ministres habiles ne craignent point la liberté de la presse; on les attaque, et ils survivent.

Sans doute les ministres auront contre eux des journaux; mais ils auront aussi des journaux pour eux: ils seront attaqués et défendus, comme cela arrive à Londres. Le ministère anglais se met-il en peine des plaisanteries de l'opposition et des injures du *Morning-*

Chronicle? Que n'a-t-on point dit, que n'a-t-on point écrit contre M. Pitt? Sa puissance en souffrit-elle? sa gloire en fut-elle éclipsée?

Que les ministres soient des hommes de talent; qu'ils sachent mettre de leur parti le public et la majorité des chambres, et les bons écrivains entreront dans leurs rangs, et les journaux les mieux faits et les plus répandus les soutiendront. Ils seront cent fois plus forts, car ils marcheront alors avec l'opinion générale. Quand ils ne voudront plus se tenir dans l'exception, et contrarier l'esprit des choses, ils n'auront rien à craindre de ce que l'humeur pourra leur dire. Enfin, tout n'est pas fait dans un gouvernement pour des ministres : il faut vouloir ce qui est de la nature des institutions sous lesquelles on vit; et, encore une fois, il n'y a pas de liberté constitutionnelle sans liberté de la presse.

Une dernière considération importante pour les ministres, c'est que la liberté de la presse les dégagera d'une responsabilité fâcheuse envers les gouvernements étrangers. Ils ne seront plus importunés de toutes ces notes diplomatiques que leur attirent l'ignorance des censeurs et la légèreté des journaux; et, n'étant plus forcés d'y céder, ils ne compromettront plus la dignité de la France.

CHAPITRE XXII.

LA CHAMBRE DES DÉPUTÉS NE DOIT PAS FAIRE LE BUDGET.

La chambre des députés connaîtra donc ses droits et sa dignité; elle demandera donc, le plus tôt possible, la liberté de la presse : voilà ce qu'elle doit faire. Voici ce qu'elle ne doit pas faire : elle ne doit pas faire un budget. La formation d'un budget appartient essentiellement à la prérogative royale.

Si le budget que les ministres présentent à la chambre des députés n'est pas bon, elle le rejette.

S'il est bon seulement par parties, elle l'accepte par parties ; mais il faut qu'elle se garde de jamais remplacer elle-même les impôts non consentis par des impôts de sa façon, ni de substituer au système de finances ministériel son propre système de finances ; voici pourquoi :

Elle se compromet. Le ministre restant est l'exécuteur de ce nouveau budget ; il a à venger son amour-propre, à justifier son œuvre. Dès lors, ennemi secret de la chambre, ce ne serait que par une vertu extraordinaire qu'il pourrait mettre du zèle à seconder un plan qui a cessé d'être le sien : il est plus naturel de supposer qu'il l'entravera, et le fera manquer dans les points les plus essentiels. Puis, à la prochaine session, il viendra, d'un air modestement triomphant, annoncer à la chambre qu'elle avait fait un excellent budget, mais que malheureusement il n'a pas réussi.

Qu'est-ce que les députés répondront? Notre budget, diront-ils, n'était peut-être pas excellent, mais il était meilleur que le vôtre. Soit, répliquera le ministre ; mais il y a un déficit : vous ne pouvez vous en prendre qu'à vous-mêmes, et n'avez rien à me reprocher.

Règle générale : le budget doit être fait par le ministère, et non par la chambre des députés, qui est le juge de ce budget. Or, si elle fait le budget, elle ne peut demander compte de son propre ouvrage, et le ministère cesse d'être responsable dans la partie la plus importante de l'administration : ainsi les éléments de la constitution sont déplacés.

Mais ces déviations de la ligne constitutionnelle, ces agitations, ces efforts, proviennent, comme tout le reste, dans la dernière session, de la lutte du ministère contre la majorité. Que le ministère consente à retourner aux principes ; et le budget, convenu d'avance entre lui et la majorité, passera sans altercation : les choses reprendront leur cours naturel, et l'on sera étonné du silence avec lequel les affaires marcheront en France.

Soit dit ainsi de la prérogative royale, de la chambre des pairs, de la chambre des députés : parlons du ministère.

CHAPITRE XXIII.

DU MINISTÈRE SOUS LA MONARCHIE REPRÉSENTATIVE. CE QU'IL PRODUIT D'AVANTAGEUX. SES CHANGEMENTS FORCÉS.

Un avantage incalculable de la monarchie représentative, c'est d'amener les hommes les plus habiles à la tête des affaires, de créer une hérédité forcée de lumières et de talents.

La raison en est sensible. Avec des chambres, un ministère faible ne peut se soutenir ; ses fautes, rappelées à la tribune, répétées dans les journaux, livrées à l'opinion publique, amènent en peu de temps sa chute.

Je ne cherche donc point, dans un gouvernement représentatif, de causes trop privées aux changements des ministres. Quand ces changements sont fréquents, c'est tout simplement que ces ministres ont embrassé de faux systèmes, méconnu l'esprit public, ou qu'ils ont été incapables de supporter le poids des affaires.

Sous une monarchie absolue, on peut s'effrayer de la succession rapide des ministres, parce que ces révolutions peuvent annoncer un défaut de discernement dans le prince, ou une suite d'intrigues de cour.

Sous une monarchie constitutionnelle, les ministres peuvent et doivent changer jusqu'à ce qu'on ait trouvé les hommes de la chose, jusqu'à ce que les chambres et l'opinion aient fait sortir l'habileté des rangs où elle se tenait cachée. Ce sont des eaux qui cherchent à prendre leur niveau ; c'est un équilibre qui veut s'établir.

Il y aura donc changement tant que l'harmonie ne sera pas exactement établie entre les chambres et le ministère.

CHAPITRE XXIV.

LE MINISTÈRE DOIT SORTIR DE L'OPINION PUBLIQUE ET DE LA MAJORITÉ DES CHAMBRES.

Il suit de là que, sous la monarchie constitutionnelle, c'est l'opinion publique qui est la source et le principe du ministère, *principium et fons ;* et, par une conséquence qui dérive de celle-ci, le ministère doit sortir de la majorité de la chambre des députés, puisque les députés sont les principaux organes de l'opinion populaire.

C'est assez dire aussi que les ministres doivent être membres des chambres, parce que, représentant alors une partie de l'opinion publique, ils entrent mieux dans le sens de cette opinion, et sont portés par elle à leur tour. Ensuite le ministre député se pénètre de l'esprit de la chambre, laquelle s'attache à lui par une réciprocité de bienveillance et de patronage.

CHAPITRE XXV.

FORMATION DU MINISTÈRE : QU'IL DOIT ÊTRE UN. CE QUE SIGNIFIE L'UNITÉ MINISTÉRIELLE.

Le ministère une fois formé doit être *un*. Cela ne veut pas dire que la différence d'opinions politiques dans des hommes de mérite, lorsqu'ils sont encore isolés, soit un obstacle à leur réunion dans un ministère. Ils peuvent y entrer par ce qu'on appelle en Angleterre une coalition, convenant d'abord entre eux d'un système général, faisant chacun les sacrifices commandés par l'opinion et la position des affaires. Mais une fois assis au timon de l'État, ils ne doivent plus gouverner que dans un même esprit.

L'unité du ministère ne veut pas dire encore que la couronne ne puisse changer quelques membres du conseil, sans changer les autres ; il suffit que les membres entrants forment un système homogène d'administration avec les membres restants. En Angleterre, il y a assez fréquemment des mutations partielles dans le ministère ; et la totalité ne tombe que quand le premier ministre s'en va.

CHAPITRE XXVI.

QUE LE MINISTÈRE DOIT ÊTRE NOMBREUX.

Le ministère doit être composé d'un plus grand nombre de membres responsables qu'il ne l'est aujourd'hui : il y a tel ministère dont le travail surpasse physiquement les forces d'un homme.

On gagne à augmenter le conseil responsable : 1° de diviser le travail et de multiplier les moyens ; 2° d'augmenter le nombre des amis et des défenseurs du ministère dans les chambres et hors des chambres ; 3° de diminuer autour du ministère les intrigues des hommes qui prétendent au ministère, en satisfaisant un plus grand nombre d'ambitions.

CHAPITRE XXVII.

QUALITÉS NÉCESSAIRES D'UN MINISTRE SOUS LA MONARCHIE CONSTITUTIONNELLE.

Ce qui convient à un ministre sous une monarchie constitutionnelle, c'est d'abord la facilité pour la parole: non qu'il ait besoin de cette *grande et notable éloquence, compagne de séditions, pleine de désobéissance, téméraire et arrogante, n'estant à tolérer aux cités bien constituées ;* non qu'on ne puisse être un homme très-médiocre, avec un certain talent de tribune; mais il faut au moins que le ministre puisse dire juste, exposer avec propriété ce qu'il veut, répondre à une objection, faire un résumé clair, sans déclamation, sans verbiage. Cela s'apprend, comme toute chose, par l'usage.

Ce ministre aura du liant dans le caractère, de la perspicacité pour juger les hommes, de l'adresse pour manier leurs intérêts. Toutefois il faut qu'il soit ferme, résolu, arrêté dans ses plans, que l'on doit connaître pour les suivre, et pour s'attacher à son système. Sans cette fermeté, il n'aurait aucun partisan : personne n'est de l'avis de celui qui est de l'avis de tout le monde.

CHAPITRE XXVIII.

QUI DÉCOULE DU PRÉCÉDENT.

Un tel ministre aura assez d'esprit pour bien connaître celui des chambres; et toutes les chambres n'ont pas la même humeur, la même allure.

Aujourd'hui, par exemple, la chambre des députés est une chambre pleine de délicatesse : vous la cabreriez à la moindre mesure qui lui paraîtrait blesser la justice ou l'honneur. Ne croyez pas gagner quelque chose en engageant dans vos systèmes ses chefs et ses orateurs; elle les abandonnerait : la majorité ne changerait pas, parce que son opposition est une opposition de conscience, et non une affaire de parti. Mais prenez cette chambre par la loyauté; parlez-lui de Dieu, du roi, de la France : au lieu de la calomnier, montrez-lui de la considération et de l'estime, vous lui ferez faire des miracles. Le comble de la maladresse serait de prétendre la mener où vous désirez, en lui débitant des maximes qu'elle repousse.

Pensez-vous qu'il soit nécessaire de lui faire adopter quelque mesure dans le sens de ce que vous appelez les *intérêts révolutionnaires?* gardez-vous de lui faire l'apologie de ces intérêts : dites qu'une fatale nécessité vous presse; que le salut de la patrie exige ces nouveaux sacrifices; que vous en gémissez; que cela vous paraît affreux; que cela finira. Si la chambre vous croit sincère dans votre langage, vous réussirez peut-être. Si vous allez, au contraire, lui déclarer que rien n'est plus juste que ce que vous lui proposez; qu'on ne saurait trop donner de gages à la révolution : vous remporterez votre loi.

Un ministre anglais est plus heureux, sa tâche est moins difficile : chacun va droit au fait à Londres, pour son intérêt, pour son parti. En France, les places données ou promises ne sont pas tout. L'opposition ne se compose pas des mêmes éléments. Une politesse vous gagnera ce qu'une place ne vous obtiendrait pas; une louange vous acquerra ce que vous n'achèteriez pas par la fortune. Sachez encore *et converser et vivre :* la force d'un ministre français n'est pas seulement dans son cabinet : elle est aussi dans son salon.

CHAPITRE XXIX.

QUEL HOMME NE PEUT JAMAIS ÊTRE MINISTRE SOUS LA MONARCHIE CONSTITUTIONNELLE.

Partout où il y a une tribune politique, quiconque peut être exposé à des reproches d'une certaine nature ne peut être placé à la tête du gouvernement. Il y a tel discours, tel mot, qui obligerait un pareil ministre à donner sa démission en sortant de la chambre. C'est cette impossibilité résultante du principe libre des gouvernements représentatifs que l'on ne sentit pas lorsque toutes les illusions se réunirent, comme je le dirai bientôt, pour porter un homme fameux au ministère, malgré la répugnance trop fondée de la couronne. L'élévation de cet homme devait produire l'une de ces deux choses : ou l'abolition de la Charte, ou la chute du ministère à l'ouverture de la session. Se représente-t-on le ministre dont je veux parler, écoutant à la chambre des députés la discussion sur les catégories, sur le 21 janvier; pouvant être apostrophé à chaque instant par quelque député de Lyon, et toujours menacé du terrible *Tu es ille vir!* Les hommes de cette sorte ne peuvent être employés ostensiblement qu'avec les muets du sérail de Bajazet, ou les muets du corps législatif de Buonaparte.

CHAPITRE XXX.

DU MINISTÈRE DE LA POLICE. QU'IL EST INCOMPATIBLE AVEC UNE CONSTITUTION LIBRE.

Comme il y a des ministres qui ne peuvent l'être sous une monarchie constitutionnelle, il y a des ministères qui ne sauraient exister dans cette sorte de monarchie : c'est indiquer la police générale.

Si la Charte, qui fonde la liberté individuelle, est suivie, la police générale est sans action et sans but.

Si la liberté individuelle est suspendue par une loi transitoire, on n'a pas besoin de la police générale pour exécuter la loi.

En effet, si les droits de la liberté constitutionnelle sont dans toute leur plénitude, et que néanmoins la police générale se permette les actes arbitraires qui sont de sa nature, tels que suppressions d'ouvrages, visites domiciliaires, arrestations, emprisonnements, exils, la Charte est anéantie.

La police n'usera pas de cet arbitraire : eh bien ! elle est inutile.

La police générale est une police politique ; elle tend à étouffer l'opinion, ou à l'altérer ; elle frappe donc au cœur le gouvernement représentatif. Inconnue sous l'ancien régime, incompatible avec le nouveau, c'est un monstre né dans la fange révolutionnaire, de l'accouplement de l'anarchie et du despotisme.

CHAPITRE XXXI.

QU'UN MINISTRE DE LA POLICE GÉNÉRALE DANS UNE CHAMBRE DES DÉPUTÉS N'EST PAS A SA PLACE.

Voyez un ministre de la police générale dans une chambre des députés : qu'y fait-il ? il fait des lois pour les violer, des règlements de mœurs pour les enfreindre. Comment peut-il sans dérision parler de la liberté, lui qui, en descendant de la tribune, peut faire arrêter illégalement un citoyen ? Comment s'exprimera-t-il sur le budget, lui qui lève des impôts arbitraires ? Quel représentant d'un peuple, que celui-là qui donnerait nécessairement une boule noire contre toute loi tendant à supprimer les établissements de jeu, à fermer les lieux de débauches, parce que ce sont les égouts où la police puise ses trésors! Enfin, les opinions seront-elles indépendantes en présence d'un ministre qui ne les écoute que pour connaître l'homme qu'il faut un jour dénoncer, frapper ou corrompre? c'est le devoir de sa place. Nous prétendons établir parmi nous un gouvernement constitutionnel, et nous ne nous apercevons seulement pas que nous voulons y faire entrer jusqu'aux institutions de Buonaparte.

CHAPITRE XXXII.

IMPÔTS LEVÉS PAR LA POLICE.

J'ai dit que la police levait des impôts qui ne sont pas compris dans le budget. Ces impôts sont au nombre de deux : taxe sur les jeux, taxe sur les journaux.

La ferme des jeux rapporte plus ou moins : elle s'élève aujourd'hui au-dessus de cinq millions.

La contribution levée sur les journaux, pour être moins odieuse, n'en est pas moins arbitraire.

La Charte dit, article 47 : *La chambre des députés reçoit toutes les propositions d'impôt.* Article 48 : *Aucun impôt ne peut être établi ni perçu, s'il n'a été* CONSENTI *par les deux chambres, et sanctionné par le roi.*

Je ne suis pas assez ignorant des affaires humaines pour ne pas savoir que les maisons de jeu ont été tolérées dans les sociétés modernes. Mais quelle différence entre la tolérance et la protection, entre les obscures rétributions données à quelques commis sous la monarchie absolue, et un budget de cinq ou six millions levés arbitrairement par un ministre qui n'en rend point compte, et sous une monarchie constitutionnelle !

CHAPITRE XXXIII.

AUTRES ACTES INCONSTITUTIONNELS DE LA POLICE.

La police se mêle des impôts : elle tombe comme concussionnaire sous l'article 56 de la Charte; mais de quoi ne se mêle-t-elle pas? Elle intervient en matière criminelle : elle attaque les premiers principes de l'ordre judiciaire, comme nous venons de voir qu'elle viole le premier principe de l'ordre politique.

A l'article 64 de la Charte, on lit ces mots : *Les débats seront* PUBLICS *en matière criminelle, à moins que cette publicité ne soit dangereuse pour l'ordre et les mœurs; et dans ce cas* LE TRIBUNAL LE DÉCLARE PAR UN JUGEMENT.

Si quelques-uns des agents de la police se trouvent mêlés dans une affaire criminelle, comme complices volontaires, afin de pouvoir devenir délateurs; si, dans l'instruction du procès, les accusés relèvent cette double turpitude qui tend à les excuser, en affaiblissant les dépositions d'un témoin odieux, la police défend aux journaux de parler de cette partie des débats. Ainsi l'*entière* publicité n'existe que pour l'accusé, et n'existe pas pour l'accusateur; ainsi l'opinion, que la loi a voulu appeler au secours de la conscience du jurés, se tait sur le point le plus essentiel ; ainsi la plus grande partie du public ignore si le criminel est la victime de ses propres complots, ou s'il est simplement tombé dans un piége tendu à ses passions et à sa faiblesse. Et nous prétendons avoir une Charte ! et voilà comme nous la suivons !

CHAPITRE XXXIV.

QUE LA POLICE GÉNÉRALE N'EST D'AUCUNE UTILITÉ.

Il faudrait, certes, que la police générale rendît de grands services sous d'autres rapports, pour racheter des inconvénients d'une telle nature; et néanmoins, à l'examen des faits, on voit que cette police est inutile. Quelle conspiration importante a-t-elle jamais découverte, même sous Buonaparte? Elle laissa faire le 3 nivôse; elle laissa Mallet conduire MM. Pasquier et Savary, c'est-à-dire la police même à la Force. Sous le roi, elle a permis pendant dix mois à une vaste conspiration de se former autour du trône : elle ne voyait rien, elle ne savait rien. Les paquets de Napoléon voyageaient publiquement par la poste; les courriers étaient à lui; les frères Lallemand marchaient avec armes et bagages; le Nain-Jaune parlait des *plumes de Cannes*, l'usurpateur venait de débarquer dans ce port, et la police ignorait tout. Depuis le retour du roi, tout un département s'est rempli d'armes, des paysans se sont formés en corps, et ont marché contre une ville; et la police générale n'a rien empêché, rien trouvé, rien su, rien prévu. Les découvertes les plus importantes ont été dues à des polices particulières, au hasard, à la bonne volonté de quelques zélés citoyens. La police générale se plaint de ces polices particulières; elle a raison; mais c'est son inutilité, et la crainte même qu'elle inspire, qui les a fait naître : car si elle ne sauve pas l'État, elle a du moins tous les moyens de le perdre.

CHAPITRE XXXV.

QUE LA POLICE GÉNÉRALE, INCONSTITUTIONNELLE ET INUTILE, EST DE PLUS TRÈS-DANGEREUSE.

Incompatible avec le gouvernement constitutionnel, insuffisante pour arrêter les complots, lors même qu'elle ne trahit pas, que sera-ce si vous supposez la police infidèle? Et ce qu'il y a d'incroyable et de prouvé, c'est qu'elle peut être infidèle sans que son chef le soit lui-même.

Les secrets du gouvernement sont entre les mains de la police; elle connaît les parties faibles, et le point où l'on peut attaquer. Un ordre sorti de ses bureaux suffit pour enchaîner toutes les forces légales; elle pourrait même faire arrêter toutes les autorités civiles et militaires, puisque l'article 4 de la Charte est légalement suspendu. Sous sa protection, les malveillants travaillent en sûreté, préparent leurs moyens, sont instruits du moment favorable. Tandis qu'elle endort le gouvernement, elle peut avertir les vrais conspirateurs de tout ce qu'il est important qu'ils sachent. Elle correspond sans danger sous le sceau inviolable de son ministère; et, par la multitude de ses invisibles agents, elle établit une communication depuis le cabinet du roi jusqu'au bouge du fédéré.

Ajoutez que les hommes consacrés à la police sont ordinairement des hommes peu estimables; quelques-uns d'entre eux, des hommes capables de tout. Que penser d'un ministère où l'on est obligé de se servir d'un infâme tel que Perlet? Il n'est que trop probable que Perlet n'est pas le seul de son espèce. Comment donc, encore une fois, souffrir un tel foyer de despotisme, un tel amas de pourriture, au milieu d'une monarchie constitutionnelle? Comment, dans un pays où tout doit marcher par les lois, établir une administration dont la nature est de les violer toutes? Comment laisser une puissance sans bornes entre les mains d'un ministre que ses rapports forcés avec ce qu'il y a de plus vil dans l'espèce humaine doivent disposer à profiter de la corruption et à abuser du pouvoir?

Que faut-il pour que la police soit habile? Il faut qu'elle paye le domestique, afin qu'il vende son maître, qu'elle séduise le fils, afin qu'il trahisse son père; qu'elle tende des piéges à l'amitié, à l'innocence. Si la fidélité se tait, un ministre de la police est obligé de la persécuter pour le silence même qu'elle s'obstine à garder, pour qu'elle n'aille pas révéler la honte des demandes qu'on lui a faites. Récompenser le crime, punir la vertu, c'est toute la police.

Le ministre de la police est d'autant plus redoutable, que son pouvoir entre dans les attributions de tous les autres ministres, ou plutôt qu'il est le ministre unique. N'est-ce pas un roi qu'un homme qui dispose de la gendarmerie de la France, qui lève des impôts, perçoit une somme de sept à huit millions, dont il ne rend pas compte aux chambres? Ainsi, tout ce qui échappe aux piéges de la police vient tomber devant son or et se soumettre à ses pensions. Si elle médite quelque trahison, si tous ses moyens ne sont pas encore prêts, si elle craint d'être découverte avant l'heure marquée; pour détourner le soupçon, pour donner une preuve de son affreuse fidélité, elle invente une conspiration, immole à son crédit quelques misérables, sous les pas desquels elle sait ouvrir un abîme.

Les Athéniens attaquèrent les nobles de Corcyre, qui, chassés par la faction populaire, s'étaient réfugiés sur le mont Istoni. Les bannis capitulèrent, et convinrent de s'abandonner au jugement du peuple d'Athènes ; mais il fut convenu que si l'un d'eux cherchait à s'échapper, le traité serait annulé pour tous. Des généraux athéniens devaient partir pour la Sicile ; ils ne se souciaient pas que d'autres eussent l'honneur de conduire à Athènes leurs malheureux prisonniers. De concert avec la faction populaire, ils engagèrent secrètement quelques nobles à prendre la fuite, et les arrêtèrent au moment même où ils montaient sur un vaisseau. La convention fut rompue, les bannis livrés aux Corcyréens, et égorgés.

CHAPITRE XXXVI.

MOYEN DE DIMINUER LE DANGER DE LA POLICE GÉNÉRALE, SI ELLE EST CONSERVÉE.

Mais il ne faut donc pas de police ? Si c'est un mal nécessaire, il y a un moyen de diminuer le danger de ce mal.

La police générale doit être remise aux magistrats, et émaner immédiatement de la loi. Le ministre de la justice, les procureurs généraux et les procureurs du roi sont les agents naturels de la police générale. Un lieutenant de police à Paris complétera le système légal. Les renseignements qui surviendront par les préfets iront directement au ministre de l'intérieur, qui les communiquera à celui de justice. Les préfets ne seront plus obligés d'entrenir une double correspondance avec le département de la police et le département de l'intérieur : s'ils ne rapportent pas les mêmes faits aux deux ministres, c'est du temps perdu ; s'ils mandent des choses différentes, ou s'ils présentent ces choses sous divers points de vue, selon les principes divers des deux ministres, c'est un grand mal.

C'est assez parler du ministère de la police en particulier : revenons au ministère en général.

CHAPITRE XXXVII.

PRINCIPES QUE TOUT MINISTRE CONSTITUTIONNEL DOIT ADOPTER.

Quels sont les principes généraux d'après lesquels doivent agir les ministres?

Le premier, et le plus nécessaire de tous, c'est d'adopter franchement l'ordre politique dans lequel on est placé, et de n'en point contrarier la marche, d'en supporter les inconvénients.

Ainsi, par exemple, si les formes constitutionnelles obligent, dans de certains détails, à de certaines longueurs, il ne faut point s'impatienter.

Si l'on est obligé de ménager les chambres, de leur parler avec égard, de se rendre à leurs invitations, il ne faut pas affecter une hauteur déplacée.

Si l'on dit quelque chose de dur à un ministre à la tribune, il ne faut pas jeter tout là, et s'imaginer que l'État est en danger.

Si, dans un discours, il est échappé à un pair, à un député, des expressions étranges; s'il a énoncé des principes inconstitutionnels, il ne faut pas croire qu'il y ait une conspiration secrète contre la Charte, que tout va se perdre, que tout est perdu. Ce sont les inconvénients de la tribune; ils sont sans remède. Lorsque six à sept cents hommes ont le droit de parler, que tout un peuple à celui d'écrire, il faut se résigner à entendre et à lire bien des sottises. Se fâcher contre tout cela serait d'une pauvre tête ou d'un enfant.

CHAPITRE XXXVIII.

CONTINUATION DU MÊME SUJET.

Le ministère, accoutumé à voir nos dernières constitutions marcher toujours avec l'impiété, et s'appuyer sur les doctrines les plus funestes, a cru, mal à propos, qu'on en voulait à la Charte, lorsqu'en parlant de cette Charte on a aussi parlé de morale et de religion. Comme si la liberté et la religion étaient incompatibles ! comme si toute idée généreuse en politique ne pouvait pas s'allier avec le respect que l'on doit aux principes de la justice et de la vérité ! Est-ce donc se jeter dans les réactions que de blâmer ce qui est blâmable, que de vouloir réparer tout ce qui n'est pas irréparable ?

Prenons bien garde à ce qu'on appelle des réactions, distinguons-en de deux sortes. Il y a des réactions physiques et des réactions morales. Toute réaction physique, c'est-à-dire toute voie de fait, doit être réprimée : le ministère sur ce point ne sera jamais assez sévère. Mais comment pourrait-il prévenir les réactions morales ? Comment empêcherait-il l'opinion de flétrir toute action qui mérite de l'être ? Non-seulement il ne le peut pas, mais il ne le doit pas ; et les discours qui attaquent les mauvaises doctrines, rétablissent les droits de la justice, louent la vertu malheureuse, applaudissent à la fidélité méconnue, sont aussi utiles à la liberté qu'au rétablissement de la monarchie.

Et à qui prétend-on persuader, d'ailleurs, que les hommes de la révolution sont plus favorables à la Charte que les royalistes ? Ces hommes qui ont professé les plus fiers sentiments de la liberté sous la république, la soumission la plus abjecte sous le despotisme, ne trouvent-ils pas dans la Charte deux choses qui sont antipathiques à leur double opinion : un roi, comme républicains ; une constitution libre, comme esclaves ?

Le ministère croit-il encore la Charte plus en sûreté quand elle est défendue par les disciples d'une école dont je parlerai bientôt ? Cette école professe hautement la doctrine que les deux chambres ne doivent être qu'un conseil passif; qu'il n'y a point de représentation nationale; qu'on peut tout faire avec des ordonnances. Les royalistes ont défendu les vrais principes de la liberté dans les questions diverses qui se sont présentées (notamment dans la loi sur les élections), tandis que la doctrine de la passive obéissance a été prêchée par les hommes qui ont bouleversé la France au nom de la liberté.

Si des ministres pensent donc que, sous l'empire d'une constitution où la parole est libre, ils n'entendront pas des opinions de toutes les sortes; s'ils prennent ces opinions solitaires pour des indications d'une opinion générale ou d'un dessein prémédité, ils n'ont aucune idée de la nature du gouvernement représentatif : ils seront conduits à d'étranges folies en agissant d'après leur humeur et leurs suppositions. La règle, dans ce cas, est de peser les résultats et les faits. Un homme d'État ne considère que la fin ; il ne s'embarrasse pas si la chose qu'il désirait, et qui était bonne, a été produite par les passions ou par la raison, par le calcul ou par le hasard. Si vous sortez des faits en politique, vous vous perdez sans retour.

CHAPITRE XXXIX.

QUE LE MINISTÈRE DOIT CONDUIRE OU SUIVRE LA MAJORITÉ.

Les ministres doivent, en administration, suivre l'opinion publique, qui leur est marquée par l'esprit de la chambre des députés. Cet esprit peut très-bien n'être pas le leur ; ils pourraient très-bien préférer un système qui serait plus dans leurs goûts, leurs penchants, leurs habitudes ; mais il faut qu'ils changent l'esprit de la majorité, ou qu'ils s'y soumettent. On ne gouverne point hors la majorité.

Je dirai ailleurs comment on est arrivé à cette hérésie politique, que le ministère peut marcher avec la minorité : cette hérésie fut inventée en désespoir de cause, pour justifier de faux systèmes, et des opinions imprudemment avancées.

Si l'on dit que des ministres peuvent toujours demeurer en place malgré la majorité, parce que cette majorité ne peut pas physiquement les prendre par le manteau et les mettre dehors, cela est vrai. Mais si c'est garder sa place que de recevoir tous les jours des humiliations, que de s'entendre dire les choses les plus désagréables, que de n'être jamais sûr qu'une loi passera, tout ce que je sais alors, c'est que le ministre reste et que le gouvernement s'en va.

Point de milieu dans une constitution de la nature de la nôtre : il faut que le ministère mène la majorité ou qu'il la suive. S'il ne peut ou ne veut prendre ni l'un ni l'autre de ces partis, il faut qu'il chasse la chambre ou qu'il s'en aille : mais aujourd'hui, c'est à lui de voir s'il se sent le courage d'exposer, même éventuellement, sa patrie pour garder sa place ; c'est à lui de calculer en outre s'il est de force à frapper un coup d'État; s'il n'a rien à craindre aux élections pour la tranquillité du pays; s'il a le pouvoir de déterminer ces élections dans le sens qu'il désire; ou si, n'étant pas sûr du triomphe, il ne vaut pas mieux ou se retirer, ou revenir aux opinions de la majorité.

Dans ce dernier cas, se décider promptement est chose nécessaire; car il n'est pas clair qu'une majorité trop longtemps aigrie et contrariée consentît à marcher avec le ministère, quand il plairait à celui-ci de rentrer dans la majorité.

CHAPITRE XL.

QUE LES MINISTRES DOIVENT TOUJOURS ALLER AUX CHAMBRES.

Autre hérésie : un ministre, dit-on, n'est pas obligé de suivre aux chambres ses projets de loi; il peut très-bien se dispenser d'y venir.

C'est le même principe qui fait dire aussi qu'un ministre n'est point obligé de donner les éclaircissements que les chambres pourraient désirer; qu'il ne doit compte de rien qu'au roi, etc.

Tout cela est insoutenable, et contraire à la nature du gouvernement représentatif. Si un ministre ne daigne pas défendre le projet de loi qu'il a apporté, comment ses amis le défendraient-ils? Est-ce avec du dédain et de l'humeur que l'on traite les affaires? Pourquoi est-on ministre, si ce n'est pour remplir les devoirs d'un ministre?

Et qu'ont donc les ministres de plus important à faire que de paraître aux chambres et d'y discuter les lois? Quoi! ils trouveront plus utile de traiter dans leur cabinet quelques détails d'administration, que de veiller aux grandes mesures qui doivent mettre en mouvement tout un peuple ?

Si les chambres, à leur tour, allaient suivre la même méthode, et ne vouloir pas s'occuper des projets de loi qu'on leur aurait apportés, que deviendrait le gouvernement?

Suivez la dictée du bon sens et les routes battues, revenez à la majorité, vous n'aurez plus de répugnance à vous rendre à des assemblées où vous serez toujours sûrs de triompher, où vous n'aurez à recueillir que des choses agréables.

Les faux systèmes gâtent et perdent tout.

DE
LA LIBERTÉ DE LA PRESSE

PRÉFACE (1828).

Si l'on réunit aux écrits ci-après ce que j'ai dit de la liberté de la presse dans *la Monarchie selon la Charte*, dans mes anciens *Discours et opinions*, et jusque dans ma *Polémique*, on sera forcé de convenir qu'aucun homme n'a plus souvent et plus constamment que moi réclamé la liberté sur laquelle repose le gouvernement constitutionnel. J'ai quelque droit à m'en regarder comme un des fondateurs parmi nous; car je ne l'ai trahie dans aucun temps. Je l'ai demandée dans les premiers jours de la restauration, je l'ai voulue à Gand comme à Paris : prêchée par un royaliste, elle cessait d'être suspecte à des yeux qui s'en effrayaient, à des esprits qui n'en voulaient pas, à un parti qui ne l'aimait guère. Que ce parti la répudie de nouveau aujourd'hui, cela peut être ; mais il ne la détruira plus. Quand je n'aurais rendu que ce service à mon pays, je n'aurais pas été tout à fait inutile dans mon passage sur la terre.

La liberté de la presse a été presque l'unique affaire de ma vie politique; j'y ai sacrifié tout ce que je pouvais y sacrifier, temps, travail ou repos. J'ai toujours considéré cette liberté comme une constitution entière; les infractions à la Charte m'ont paru peu de chose tant que nous conservions la faculté d'écrire. Si la Charte était perdue, la liberté de la presse la retrouverait et nous la rendrait; si la censure existait, c'est en vain qu'il y aurait une Charte. N'allons pas chicaner sur le plus ou moins de perfection de la loi qu'on doit soumettre aux chambres : elle abolit, dit-on, la censure : eh bien ! tout est là. C'est par la liberté de la presse que les droits des citoyens sont conservés, que justice est faite à chacun selon son mérite ; c'est la liberté de la presse, quoi qu'on en puisse dire, qui, à l'époque de la société où nous vivons, est le plus ferme appui du trône et de l'autel. Charles X nous délivra de la censure en prenant la couronne ; pour affermir cette couronne, il ne veut pas même que les ministres à venir trouvent dans la loi un moyen de violer la plus *vitale de nos libertés*. Cette noble et salutaire résolution doit rendre tous les cœurs profondément reconnaissants; elle suffirait seule pour immortaliser le règne d'un prince aussi loyal que généreux.

Si donc le gouvernement se détermine, comme il y

a tout lieu de le croire, à apporter une loi pour l'abolition de la censure facultative, pour la suppression de la poursuite en tendance, et pour l'établissement des journaux sans autorisation préalable, je verrai s'accomplir ce que je n'ai cessé de solliciter depuis quatorze ans.

Sous l'empire, j'ai cherché, par le *Génie du Christianisme*, à contribuer au rétablissement des principes religieux; lors de la restauration, j'ai promulgué dans *la Monarchie selon la Charte* les vérités qui doivent désormais servir de fondement à notre croyance politique. J'ose quelquefois me flatter que ce double effort n'a pas été vain, puisque les doctrines que j'ai déduites ont été peu à peu adoptées : descendues dans la nation, elles sont remontées au pouvoir. Les obstacles que j'avais signalés dans les hommes et dans les choses ont été graduellement écartés; mes prévisions funestes, réalisées comme mes espérances, ont montré qu'en mal et en bien je ne m'étais pas tout à fait trompé sur les caractères, les préjugés, les passions et les vertus de l'ancienne et de la nouvelle France. Ainsi mon rôle, comme défenseur de nos libertés publiques, touche à son terme; la censure va disparaître pour toujours; un triomphe fécond en résultats heureux se trouve placé au bout de ma carrière constitutionnelle; je n'en réclame pas les palmes; *tulit alter honores* : peu importe; il ne s'agit pas de moi, mais de la France.

Toutefois un retour sur le passé me sera-t-il un moment permis? Que de haines et de calomnies entassées sur ma tête depuis quatorze années, pour en venir à faire ce qui m'a attiré ces haines et ces calomnies! S'évanouiront-elles? Je le souhaite plus que je ne l'espère; on m'en voudra peut-être en secret d'avoir eu raison si longtemps contre des autorités successives. D'un autre côté, de quelles prospérités nous jouirions aujourd'hui si, dès le point de départ, on eût marché dans les voies de la Charte comme je ne cessais d'y inviter ! Mais apparemment qu'il en est des vérités comme des fruits; ceux-ci ne tombent que quand ils sont mûrs.

Mille cris s'élevèrent lorsque j'entrai une dernière fois dans les rangs de l'opposition; on aurait trouvé plus prudent et plus sage que j'eusse attendu à l'écart et en silence l'occasion de me glisser de nouveau au ministère. Sans doute, comme calcul d'ambition personnelle, cela eût valu beaucoup mieux; mais les libertés publiques, que deviendraient-elles si chacun, pour les défendre, ne consultait que son intérêt? Dans une monarchie représentative, les convenances des salons et la politique des courtisans sont-elles admissibles? Que celui qui ne peut rien quand il est tombé se taise; qu'il se mette en embuscade dans une antichambre, et qu'il guette le pouvoir au passage pour le reprendre par une intrigue, à la bonne heure; mais que celui dont la voix a été quelquefois entendue avec bienveillance se range parmi les muets, rien de plus absurde dans un gouvernement constitutionnel. N'est-il pas clair aujourd'hui que j'ai suivi la vraie route pour arriver à ce qui me paraissait être le bien de mon pays?

OPINION

SUR LE

PROJET DE LOI RELATIF A LA POLICE DE LA PRESSE.

PRÉFACE DE LA SECONDE ÉDITION.

Paris, ce 8 mai 1827.

Le public a bien voulu recevoir avec quelque faveur le Discours que je devais prononcer à la chambre des pairs sur la loi relative à la police de la presse. Les vérités contenues dans les trois dernières parties de ce Discours sont encore applicables à notre position politique.

J'ose me flatter que tout homme de bonne foi, après avoir lu la seconde partie de cette espèce de traité sur la presse, ne croira plus au crime de cette presse.

Néanmoins je n'ai pas tout dit sur les siècles où la presse était inconnue, et sur les temps où elle était opprimée.

Dans le détail de la Jacquerie et des troubles sous Charles VI, j'ai passé sous silence bien des atrocités. Je n'ai point fouillé les chroniques de Louis XI; j'ai parlé des crimes des catholiques à la Saint-Barthélemy et sous la Ligue; j'aurais pu mettre en contre-poids les crimes des protestants, qui n'étaient pas plus éclairés que leurs persécuteurs. Cinq ans avant la Saint-Barthélemy, les protestants de Nîmes précipitèrent quatre-vingts catholiques notables de cette ville dans le puits de l'archevêché. Ils renouvelèrent de semblables assassinats en 1569.

On a voulu nous persuader que le suicide et l'infanticide étaient plus communs de nos jours qu'autrefois. Qu'on ouvre le journal de Pierre de l'Estoile et l'on y trouvera à toutes les pages le suicide, même parmi les enfants.

Quant à l'infanticide, nous citerons ce passage de Guy-Patin : « Les vicaires généraux et les pénitenciers « se sont allés plaindre à M. le premier président que « depuis un an (1660) six cents femmes, de compte « fait, se sont confessées d'avoir tué et étouffé leur « fruit. »

Remarquons que la science administrative était ignorée dans les siècles barbares; presque personne ne savait lire, très-peu d'hommes savaient écrire; il n'y avait point de journaux, point de chemins, point de communications : combien de forfaits devaient donc rester ensevelis dans l'oubli ! Nous connaissons maintenant, heure par heure, tous les délits qui se commettent sur la surface de la France. Malgré cette différence de renseignements, nous trouvons dans les chroniques et les mémoires, année par année, des crimes plus fréquents et d'un caractère infiniment plus horrible que ceux qui se commettent aujourd'hui.

Il y a un fait que je n'ai pu dire, et qui était l'objet de la douleur et de la consternation de tous les curés de campagne, dans les parties de l'Europe les plus ignorantes et les plus sauvages.

Quant à la troisième et surtout à la quatrième partie de mon Discours, le retrait du projet de loi ne lui a rien ôté : notre mal présent vient de la résistance d'une poignée d'hommes aux changements produits

par les siècles. Des calculs fournis dernièrement par M. le baron Dupin viennent à l'appui de mon assertion, et sont comme les éloquentes pièces justificatives de mon Discours. « Hâtons-nous, dit-il, d'indiquer les
« vastes changements survenus dans la population fran-
« çaise, dans ses mœurs, ses idées et ses intérêts, de-
« puis la fin de l'empire. Durant treize années seule-
« ment, douze millions quatre cent mille Français sont
« venus au monde, et neuf millions sept cent mille sont
« descendus dans la tombe.... Déjà près du quart de
« la population qui vivait sous l'empire n'existe plus.
« Les deux tiers de la population actuelle n'étaient pas
« nés en 1789, à l'époque où fut convoquée l'assem-
« blée constituante; les hommes qui comptaient alors
« l'âge de vingt ans ne forment plus aujourd'hui qu'un
« neuvième de la population totale; ils représentent
« les grands-pères et grand'mères de nos familles;
« enfin la totalité des hommes qui comptaient vingt
« ans lors de la mort de Louis XV ne forme plus que
« la quarante-neuvième partie de cette population; ils
« représentent les bisaïeuls et les bisaïeules de nos
« familles. . . . .
« . . . .
« Une révolution plus grande encore s'est opérée
« sur le continent européen.
« En Europe, depuis 1814, la génération nouvelle
« est fortifiée par quatre-vingts millions d'hommes
« venus au monde, et l'ancienne est affaiblie par
« soixante millions d'hommes descendus dans la tombe.
« Sur deux cent vingt millions d'individus, l'ancienne
« génération n'en compte plus que vingt-trois subsis-
« tants encore, ou plutôt qui meurent chaque jour.
« Quelle moisson terrible de peuples et de rois! Ainsi
« les hommes qui comptaient vingt ans lors de la mort

« de Louis XV ne forment plus que la quarante-neu-
« vième partie de la population totale de la France ;
« ceux qui comptaient vingt ans en 1789 n'en forment
« plus que la neuvième, et les deux tiers de la popula-
« tion actuelle n'étaient pas nés au commencement de
« la révolution. »

Maintenant, si vous retranchez du petit nombre d'hommes qui ont connu l'ancien régime ceux qui ont embrassé le régime nouveau, à combien peu se réduiront *ces hommes d'autrefois qui, toujours les yeux attachés sur le passé, le dos tourné à l'avenir, marchent à reculons vers cet avenir!*

C'est pourtant ces *demeurants d'un autre âge* qu'on écoute : les passions ministérielles s'emparent de cette raison décrépite ; ou plutôt, lorsque ces passions agissent, le radotage d'une sagesse surannée se charge de prouver que les passions n'ont pas tort. Chaque jour nous fournit une preuve nouvelle des anachronismes où tombe, relativement à la société, la faction du passé qui nous tourmente. Sur quel motif a-t-on fondé, par exemple, l'ordonnance qui licencie la garde nationale ? Sur des cris inconvenants, lesquels auraient été poussés au Champ de Mars.

Voilà bien les personnages que je signale ! La monarchie représentative est toujours pour eux la monarchie absolue ; les faits sont toujours pour eux non avenus ; rien n'a changé depuis 1789 dans les choses et dans les hommes ; personne n'est mort ; une révolution qui a bouleversé le monde ancien et émancipé le nouveau monde, trente huit années écoulées ne sont rien ! La garde nationale en 1827 est toujours la garde nationale de la première fédération ; le roi est toujours en présence du peuple ; il n'y a entre lui et ce peuple ni deux chambres législatives, ni une Charte constitutionnelle; *à bas les ministres!* est un cri répréhensible dans un pays où les ministres sont responsables, et où la liberté de parler et d'écrire est établie par la loi.

En Angleterre, non-seulement on crie *à bas les ministres!* mais on casse leurs vitres; ils les font tranquillement remettre : le roi n'est pour rien dans tout cela, pas plus qu'en France le roi n'entre pour quelque chose dans les inimitiés soulevées par les dépositaires de son pouvoir. On s'obstine à voir sédition et révolution là où il n'y a qu'antipathie pour les ministres. Ceux-ci violent l'esprit de la constitution en demeurant au pouvoir lorsque l'opinion les repousse; il en résulte que cette opinion saisit les occasions favorables d'éclater : c'est l'effet qui sort de la cause; la couronne est parfaitement étrangère à cette position.

Autre méprise : les partisans des ministres applaudissent surtout au coup porté, parce qu'il n'en est résulté aucun mouvement; ils attribuent à la fermeté de ce coup l'immobilité du public.

« Voilà ce que c'est, s'écrient-ils, que d'agir avec
« vigueur! Encore quelques mesures de cette espèce
« et tout rentrera dans l'ordre! »

Dans l'ordre! qui songe à sortir de l'ordre? N'allez-vous pas vous persuader que la mesure ministérielle a répandu la terreur? Elle a excité la pitié des indifférents, elle a réjoui les ennemis, elle a profondément affligé les amis de la royauté; elle n'a fait peur à personne.

Pourquoi cette folle mesure n'a-t-elle été suivie d'aucun mouvement? Par une raison simple qui tient à la nature même de ce gouvernement représentatif que vous détestez, alors même qu'il vous sauve de vos propres erreurs.

Le pouvoir de la couronne, employé par les ministres, n'est pas sorti de son droit légitime en licenciant la garde nationale. Le coup a été violent, mais il n'a pas été inconstitutionnel ; aucune partie du pacte fondamental n'a été lésée, aucune liberté n'a péri, aucun intérêt politique ni même municipal n'a succombé. Il importe peu à nos institutions prises dans leur ensemble qu'un citoyen de Paris soit vêtu d'un uniforme ou d'un habit bourgeois ; une garde paisible et fidèle, qui a rendu tant de services à la restauration, peut sans doute s'attrister d'en être si étrangement récompensée par des ministres, mais elle ne se révolte pas contre son roi. Changez la question ; supposez qu'une mesure ministérielle viole ouvertement un article de la Charte, et vous verrez alors l'impression produite par cette mesure !

Ainsi ces hommes qui sont tout étonnés de leur courage, qui pensent devoir à leur héroïsme de bureau le repos dont ils jouissent, ne s'aperçoivent pas qu'ils sont redevables de ce repos aux institutions mêmes dont la forme les irrite, à ce gouvernement représentatif qui donne de la modération et de la raison à tous, à cet esprit constitutionnel que l'attaque aux principes pourrait seule pousser à la sédition. Tant que l'on ne portera pas la main sur les chambres et sur les libertés publiques, il n'y aura point de mouvement dangereux en France. Les libertés publiques sont patientes ; elles attendent très-bien la fin des générations, et les nations qui en jouissent n'ont rien d'essentiel à demander.

Dans les gouvernements absolus, au contraire, le peuple, comme les flots de la mer, se soulève au moindre vent : le premier ambitieux le trouble, quelques pièces d'argent le remuent ; une taxe nouvelle le précipite dans les crimes ; il se jette sur les ministres, massacre les favoris, et renverse quelquefois les trônes.

Dans les gouvernements représentatifs, le peuple n'a jamais ni ces passions, ni cette allure; rien ne l'émeut profondément quand la loi fondamentale est respectée. Pourquoi se soulèverait-il? Pour ses libertés? il les a; pour l'établissement d'un impôt? cet impôt est voté par ses mandataires. Vient-on chez le pauvre lui enlever arbitrairement son dernier fils pour l'armée, son dernier écu pour le trésor? Nul ne peut être arrêté que d'après la loi; chacun est libre de parler et d'écrire; tous peuvent, selon leur bon plaisir, faire ce qu'ils veulent, aller où il leur plaît, user et abuser de leur propriété. La monarchie représentative fait ainsi disparaître les principales causes des commotions populaires; il n'en reste qu'une seule pour cette monarchie; c'est, on ne saurait trop le répéter, l'atteinte aux libertés publiques.

Et alors même ce gouvernement est-il sans défense? Non. L'histoire de l'Angleterre nous apprend avec quelle simplicité se résout encore cette difficulté : les chambres repoussent la loi de finance; et si cette loi, n'étant pas votée, le gouvernement veut lever irrégulièrement l'impôt, le peuple refuse de le payer.

Heureusement nous n'en viendrons jamais là en France; mais ces explications font sentir combien serait vain et téméraire le projet de procéder de violences en violences à la suppression de la liberté; elles font voir combien sont dénuées de justesse les raisons par lesquelles on a voulu faire de quelques cris isolés une sédition commune digne d'être punie d'un licenciement général. Laissons des médiocrités colériques applaudir à l'emportement de l'impuissance comme à la preuve de la force : les vrais amis du roi en gémissent. Quant à moi, depuis le jour où je vis, à Saint-Denis, passer un homme trop fameux pour aller mettre ses mains entre les mains du frère de Louis XVI, je n'ai jamais été si profondément affligé.

Eh! comment les conseillers de la couronne ne se sont-ils pas souvenus qu'un monarque paternel vivait au milieu de ses peuples; que le temps était passé où les princes se renfermaient dans le donjon de Vincennes ou dans les galeries de Versailles? Comment n'ont-ils pas compris que cette mesure précipitée porterait le deuil au fond des cœurs? que la fidélité et l'amour, craignant de devenir suspects, oseraient à peine faire entendre, sur le passage d'un prince chéri, d'un prince si longtemps éprouvé par la fortune, le cri du salut de la France? N'y avait-il pas d'autres moyens de punir quelques exclamations inconvenantes? Le mode même du licenciement général était-il raisonnable? Licencie-t-on trente mille hommes qui reste de fait réunis dans la même ville, presque sous le même toit, avec leurs armes? En Angleterre, d'après l'ordonnance du licenciement, on s'est figuré que de grands troubles avaient éclaté parmi nous; le reste de l'Europe le croira de même. N'est-ce rien que d'avoir fait naître dans l'esprit des étrangers une telle idée de la situation de la France?

Si l'on pouvait croire à un dessein suivi, à un enchaînement de principes dans un système qui jusqu'à présent n'a marché que par bonds, et n'a su donner que des saccades, on devrait s'attendre à une série de mesures corrélatives au licenciement de la garde nationale de Paris. Conséquents ou inconséquents, les agents du pouvoir ne peuvent faire sortir que des maux de cette mesure déplorable. L'humeur de ceux qui approuvent cette mesure prouve qu'intérieurement ils en sentent les graves inconvénients.

Il serait à désirer toutefois qu'ils modérassent leur

zèle. Que pensent-ils imposer en parlant de casser la chambre des pairs? comme si on pouvait casser la chambre des pairs ! En attendant le jour où ces fanfarons de fidélité qui s'étouffaient dans les salles des Tuileries le 16 mars 1815, et qui disparurent le 20; en attendant le jour où ils se cacheraient de nouveau, le jour où ils nous laisseraient défendre encore la monarchie, si la monarchie était attaquée; qu'ils cessent d'animer le soldat contre le citoyen, de vouloir tripler la garnison de Paris, de faire marcher en pensée des troupes sur la capitale. Il serait curieux de rassembler l'armée, de compromettre la tranquillité de la France, pour assurer le portefeuille de deux ou trois ministres et la pitance des familiers de ses ministres ! Cette petite agitation d'antichambre dans le grand repos du royaume serait risible, si elle n'avait un côté dangereux. Les rodomontades amènent quelquefois des rixes. Dieu sait ce que pourrait produire une goutte de sang répandue sur une terre également disposée à porter des moissons ou des soldats. Lorsque dans les troubles des empires on en est venu à l'emploi de la force, il ne s'agit plus de la première attaque, mais de la dernière victoire.

La police prendrait-elle pour une conspiration contre le trône, les propos qu'elle peut entendre contre une administration brouillonne et sauvage? Ses rapports seraient-ils dans ce sens? Voudrait-elle qu'on fît parader des gendarmes, qu'on doublât les postes? Contre qui? contre des *complaintes?* Il ne manquerait plus que de couronner la violence par le ridicule.

La retraite d'un ministre estimé est venue mettre le sceau de la réprobation à un acte d'amour-propre en démence. Ce ministre honorable et honoré n'a pas cru pouvoir s'asseoir plus longtemps auprès des hommes qui font de leur intérêt personnel la cause de la monarchie. Mais, au milieu des consciences muettes, une conscience qui parle est séditieuse; la vertu qui se réveille importune le devoir qui dort; une bonne action est une leçon insolente pour ceux qui n'ont pas le courage de la faire : je ne serais donc pas étonné qu'un La Rochefoucauld, qu'un royaliste dévoué, qu'un esprit aussi conciliant que modéré, qu'un chrétien pieux et sincère, ne passât aujourd'hui parmi la tourbe servile pour un démocrate, un révolutionnaire, un furibond, un impie.

N'en sommes-nous pas là, tous tant que nous sommes? Qui n'a dans sa poche son brevet de jacobin, expédié en bonne forme par des royalistes de métier? Ne viens-je pas d'ajouter à tous mes crimes celui d'avoir publié (à l'exemple de nombre de pairs et de députés) un discours qui n'a pas été prononcé? Si on ne le lit pas, quel mal fait-il? Si on le lit, on y trouve donc autre chose que le projet de loi retiré? La vérité est que plus l'administration commet de fautes, plus elle désire le silence. Il faudrait renoncer à la parole, afin que l'incapacité perpétuée au pouvoir se vantât d'avoir subjugué ses adversaires par la force de son génie. Ne nous laissons pas prendre à ce grossier artifice; nous ne sauverions rien en nous taisant. Toute alliance est impossible entre le mal et le bien : on ne se réunit pas à l'abîme; on s'y engloutit.

Nobles pairs,

Dans les longues recherches auxquelles je me suis livré, et dont j'ai l'honneur de soumettre aujourd'hui le résultat à la chambre, j'ai nécessairement isolé ma pensée du travail de votre commission. Je savais tout ce que l'on devait attendre de la conscience et du talent des nobles pairs chargés de vous faire un rapport sur le projet de loi; mais je devais raisonner dans l'hypothèse que ce projet restait tel que vous l'avaient présenté les ministres.

En effet, Messieurs, des amendements proposés ne sont pas des amendements votés; et quand j'aurais eu, comme je l'ai, la conviction morale de leur adoption, cela ne dérangerait rien au plan que je m'étais tracé. Mon discours, dans la supposition d'une suite d'amendements capitaux, deviendrait un double plaidoyer : plaidoyer contre l'ouvrage des ministres, partout où cet ouvrage ne serait pas amendé; plaidoyer pour l'ouvrage de votre commission, partout où elle aurait porté ses lumières. Ce point éclairci, j'aborde le sujet.

Voici, Messieurs, ce que l'on trouve dans l'ouvrage posthume du quatorzième siècle.

Censure avant publication, et jugement après publication, comme s'il n'y avait pas eu censure; rétroactivité, annulation ou violation des contrats; atteinte au droit commun; proscription de la presse non périodique; accaparement ou destruction de la presse périodique; voies ouvertes à la fraude, amorces offertes à la cupidité, invitation aux trahisons particulières, appel et encouragement à la chicane, intervention de l'arbitraire, haine des lumières, antipathie des libertés publiques, embrouillements, entortillements, ténèbres.

Mais, chose déplorable, Messieurs, plus vous démontrez à certains esprits que cet instrument de mort pour l'intelligence humaine détruit non-seulement la liberté de la presse, mais la presse elle-même, plus vous les persuadez de l'excellence de l'ouvrage.

« Comment! vous nous dites que tout périra, livres,

« brochures, journaux ! A merveille ! nous ne croyions
« pas le projet si bon : vos objections nous démon-
« trent ce qu'il a d'admirable. »

Suit un débordement d'injures contre les lettres, et
surtout contre les gens de lettres, contre les folliculaires, les pamphlétaires, les chifonniers et les acadé-
miciens.

C'est être en vérité fort libéral de mépris. Il faut en
avoir beaucoup recueilli, pour en avoir tant à donner.
Ces enfants prodigues feraient mieux d'être plus éco-
nomes de leur bien.

Hélas ! Messieurs, ces diatribes contre la presse n'ont
pas même le mérite de la nouveauté ; renouvelées des
temps révolutionnaires, elles auraient dû rester dans
l'oubli. Il est triste, sous la légitimité, de s'approprier
un pareil langage, surtout lorsqu'il se peut appliquer à
ces mêmes publicistes justement soupçonnés sous le
Directoire de travailler au rétablissement de la royauté,
et qui continuent d'écrire pour elle.

Quelques personnes trouvent un motif de sécurité
dans l'excès même du mal : « Le projet de loi est si
« vicieux, disent-elles, qu'on ne pourra l'exécuter. »
Ne nous fions, messieurs, ni à l'espérance du mal, ni
à l'impuissance de l'incapacité : elles nous trompe-
raient toutes deux. Maintes fois les gouvernements ont
laissé périr les bonnes lois, et ont fait un long usage
des mauvaises. C'est cette même faiblesse des hommes
qui les asservit souvent à une tyrannie vulgaire, et qui
les porte à briser une autorité éclatante : les parlemen-
taires souffrirent Buckingham et tuèrent Strafford ; on
pardonne à la puissance, rarement au génie.

La meilleure manière de vous occuper du projet de
loi, ce n'est pas, selon moi, de vous en énumérer à présent les vices particuliers (ils se présenteront assez

d'eux-mêmes dans la discussion des articles) : il me paraît plus utile de vous faire remarquer d'où le projet est sorti, ce qu'il veut dire, quelle lumière il jette à la fois sur le passé et sur l'avenir.

Oui, nobles pairs, le projet de loi est un phare élevé aux limites d'un monde qui finit et d'un monde qui commence; il vous éclaire sur la plus importante des vérités politiques; il vous indique le point juste où la société est parvenue, et conséquemment il vous apprend ce que demande cette société : d'un côté, il vous montre des ruines irréparables ; de l'autre, un nouvel univers qui se dégage peu à peu du chaos d'une révolution.

Permettez-moi de développer mes idées : la matière est grave, le sujet, immense. Si je mets votre patience à l'épreuve, vous me le voudrez bien pardonner, en songeant que j'abuse rarement de votre temps à cette tribune. J'y parais aujourd'hui appelé par des devoirs sacrés, devoirs que je n'hésiterai jamais à remplir, mais dont le temps commence néanmoins à me faire sentir le poids : les vétérans souffrent quelquefois de leurs vieilles blessures.

En sortant du chemin battu, en plaçant la question où je la placerai, surtout dans la dernière partie de ce discours, j'ai plus compté sur la haute intelligence de cette assemblée que sur mes propres forces.

Voici, Messieurs, les quatre vérités que je vais essayer de démontrer :

1° La loi n'est pas nécessaire, parce que nous avons surabondance de lois répressives des abus de la presse; les tribunaux ont fait leur devoir.

2° Les crimes et les délits que l'on impute à l'usage de la presse et à la liberté de la presse n'ont point été commis par la presse, et sous le régime de la liberté de la presse.

3° La religion n'est point intéressée au projet de loi; elle n'y trouve aucun secours : l'esprit du christianisme et le caractère de l'Église gallicane sont en opposition directe avec l'esprit du projet de loi.

4° La loi n'est point de ce siècle; elle n'est point applicable à l'état actuel de la société.

J'entre dans l'examen de la première question.

Nous avons, Messieurs, depuis la restauration, six ordonnances et quinze lois et fragments de loi concernant la librairie, la presse périodique et la presse non périodique.

A ces lois viennent se réunir l'arrêt du conseil d'État sur la librairie du 28 février 1723, le décret de l'assemblée nationale du 27 août 1789, celui du 17 mars 1791, le décret de la convention du 19 juillet 1793, la loi du 25 décembre 1796, les décrets du 22 mars 1805, du 28 mars 1805, du 5 juin 1806, du 5 février 1810, du 14 octobre 1811, enfin une partie du livre III du Code pénal; tous arrêts, lois et décrets dont divers articles sont encore en vigueur.

Le *maximum* des amendes pour les délits et les crimes de la presse non périodique est, dans le cas le plus grave, de 10,000 fr., et dans le cas le moins grave, de 500 fr.

Le *maximum* de la prison pour les mêmes délits et crimes de la presse non périodique est de cinq ans pour le cas le plus grave, et d'un an pour le cas le moins grave.

La récidive entraîne l'application des articles 56, 57 et 58 du Code pénal, c'est-à-dire qu'il peut y avoir carcan, travaux forcés, et mort; que la peine peut être élevée au double, savoir : dix ans d'emprisonnement, suivis de cinq à dix années sous la surveillance de la police.

Le *maximum* de la prison et des amendes pour les délits et les crimes de la presse périodique est le même que pour les délits et les crimes de la presse non périodique ; mais les amendes peuvent être élevées au double, et, en cas de récidive, au quadruple (40,000 fr. d'amende, vingt ans de prison), sans préjudice des peines de la récidive, prononcées par le Code pénal.

Si un libraire a été convaincu de contravention aux lois et règlements, il est loisible de lui retirer son brevet ; c'est-à-dire que l'administration peut intervenir dans les jugements des tribunaux ; qu'elle peut, autorité suprême, altérer l'arrêt de ces tribunaux, non comme la couronne, en faisant grâce, mais en aggravant la peine.

La contravention d'un libraire n'aura pas paru aux magistrats mériter une amende au-dessus de quelques centaines de francs, et l'administration ajoutera à cette amende la suppression du brevet ; ce qui n'est rien moins que la ruine d'une famille entière. Je ne dirai pas, pour achever de caractériser ces rigueurs, qu'elles ont lieu malgré plusieurs arrêts des cours, qui ont déclaré que la loi de 1791 conservait sa force, et que la librairie n'était pas plus assujettie à exister par brevet que toute autre profession.

Les journaux politiques sont obligés de fournir un cautionnement de 200,000 fr., sans préjudice de la solidarité des propriétaires ou actionnaires.

Un journal peut être suspendu par une première et par une seconde condamnation en tendance ; après une troisième condamnation, il peut être supprimé.

Les chambres, pendant les sessions, sont investies du pouvoir de se faire elles-mêmes justice de la presse périodique. Dans l'intervalle des sessions, le ministère est maître d'établir la censure.

Enfin, la liberté de la presse périodique n'existe que par privilége, tout en faveur des ministres, puisque aucun nouveau journal ne saurait s'établir sans une autorisation du gouvernement.

Êtes-vous satisfaits, Messieurs, et trouvez-vous que nous manquions de lois répressives? J'ai négligé de mentionner, parmi toutes ces peines, celle que le chef de la magistrature a rappelée, et que prononce l'article 24 du Code pénal. Il y a dans cette chambre plusieurs nobles pairs qui ont le malheur d'aimer les lettres, et le plus grand malheur de faire jouir quelquefois le public du fruit de leurs veilles. Si jamais ils tombaient dans quelques-unes de ces erreurs où nous entraîne la fragilité humaine; si l'on trouvait que leur dignité ne les place pas dans ce cas en dehors des tribunaux communs, je sollicite d'avance, pour eux et pour moi, l'indulgence de l'administration. Je désirerais que mon compagnon de chaînes fût au moins exempt de maladies contagieuses, et je suis bien vieux pour apprendre un métier.

Ici se présente l'imprudente accusation hasardée contre les tribunaux; ici se découvre la cause de cet esprit rancunier contre ces mêmes tribunaux, lequel domine dans le texte du nouveau projet de loi, projet qui tend à transporter à la police tout ce qu'il peut ôter à la justice.

Il y a des lois, dit-on; mais les tribunaux ne font point ou font très-peu usage de ces lois.

D'abord, quand vous entasseriez sans fin peines sur peines, est-il un moyen d'obliger le magistrat à appliquer ces peines, lorsque l'écrivain ne lui semblera pas coupable de ce dont il est accusé? A quoi donc vous servira la nouvelle loi? Une réponse plus tranchante, et plus nette encore, peut être faite à l'accusation.

Les calculs que je vais mettre sous vos yeux ont été recueillis non sans quelques difficultés. Les sources de ces calculs, qui devraient être accessibles à tout le monde, ne le sont pas toujours; les jugements des tribunaux, qui pourraient être publiés aussitôt qu'ils sont rendus, ne paraissent quelquefois dans le *Moniteur* qu'assez longtemps après leur date. La presse a surtout été malheureuse sous ce rapport, et il est arrivé que ce qu'on aimerait le mieux à connaître est le plus difficile à trouver. Néanmoins, je crois pouvoir dire que si quelque erreur s'est glissée dans mes calculs, elle est peu considérable, et qu'elle n'altère en rien le fond de la vérité, résultat de ces calculs.

J'ai renfermé mes recherches dans les arrêts rendus par la cour royale de Paris dans l'espace de cinq années. Si l'on était curieux de connaître les jugements en première instance, un document irrécusable en fournirait le total approximatif.

M. le garde des sceaux a publié le compte général de la justice criminelle pour l'année 1825. On y remarque deux accusations pour délits littéraires dans les départements, et vingt-cinq devant le tribunal de police correctionnelle de la Seine. Si l'on en suppose un nombre égal chaque année depuis le commencement de l'année 1822, époque du rétablissement de la liberté de la presse, jusqu'à l'année 1827, vingt-sept actions en police correctionnelle, multipliées par cinq années, nous donneraient cent trente-cinq actions. Vous allez voir que je trouve quatre-vingt-trois procès portés devant la cour royale de Paris: il y aurait donc cent trente-cinq causes de plus pour les tribunaux correctionnels de toute la France à ajouter aux quatre-vingt-trois causes jugées par la cour royale de Paris.

Mais, dans ce cas, ma concession est infiniment trop

large, puisque j'admettrais qu'il n'y a pas eu un seul appel à des juridictions supérieures, ce qui est tout l'opposé de la vérité : compter à la fois les jugements en première instance et les jugements aux cours royales, c'est compter presque double. Il est singulier qu'on ait eu le temps de nous donner en 1827, pour 1825, les jugements du tribunal correctionnel de la Seine, et qu'on n'ait pas eu le temps de nous donner les jugements de la cour royale de Paris dans la même année 1825.

Qu'importe? nous aurons tout cela en temps utile, après le vote du projet de loi.

Je dis donc, Messieurs, que depuis le 27 avril 1822 jusqu'au 6 mars 1827, quatre-vingt-trois causes pour délits de la presse ont été portées devant la cour royale de Paris. Sur ces quatre-vingt-trois causes, on trouve trois causes non jugées, onze acquittements, et soixante-neuf condamnations.

Peut-on soutenir que sur quatre-vingts causes jugées, lorsqu'il y a eu soixante-neuf condamnations, et seulement onze acquittements ; peut-on soutenir que les tribunaux n'ont pas fait usage des lois, qu'ils ont manqué d'une salutaire vérité?

Répondra-t-on que les peines prononcées ont été trop légères?

Mais voulez-vous donc substituer votre conscience à celle du juge? Voulez-vous qu'il voie absolument comme vous, qu'il pèse les délits au même poids que vous; ou que, ne trouvant pas ces délits aussi graves qu'ils vous le paraissent, il n'en applique pas moins des châtiments disproportionnés, selon lui, à l'offense? Est-ce comme cela que vous entendez la justice? D'ailleurs, Messieurs, il y a ici nouvelle erreur.

Dans l'énumération des peines prononcées par la

cour royale, en ne s'arrêtant qu'aux condamnations qui stipulent plus d'un mois d'emprisonnement, je note une condamnation à quarante jours de prison, onze à trois mois, une à quatre mois, sept à six mois, trois à neuf mois, deux à treize mois, et une à dix-huit mois.

Quant aux amendes, en négligeant celles au-dessous de 500 fr., j'en compte quatorze à 500 fr., sept à 1,000 fr., cinq à 2,000 fr., et deux à 3,000 fr.

Il faut remarquer que l'amende est presque toujours unie à l'incarcération, de sorte que le châtiment est double. On n'est donc pas plus fondé à soutenir que les peines prononcées ont été trop légères, qu'on ne l'était à dire que les condamnations n'avaient pas été assez fréquentes. Il ne faut pas croire qu'une détention de trois mois à dix-huit mois, qu'une amende de 500 fr. à 3,000 fr., ne soient pas des répressions très-graves en France. En Angleterre on a l'habitude des longues réclusions pour dettes, et les fortunes permettent de supporter de gros prélèvements pécuniaires : 500 fr. sont plus pesants pour telle fortune française que 1,000 livres sterling pour telle fortune anglaise. La mobilité et l'indépendance de notre caractère, jointes au souvenir des temps révolutionnaires, nous rendent la prison odieuse. Nos magistrats, dans la pondération de leurs sentences, ont donc montré une connaissance profonde de nos mœurs.

Ainsi, Messieurs, disparaissent devant des calculs positifs les accusations vagues des ennemis de la presse. Les peines portées par les anciennes lois sont considérables, et les magistrats ont accompli leur devoir. Nous verrons plus loin la nature des délits compris dans ces causes littéraires portées dans l'espace de cinq années devant la cour royale de Paris, causes qui ont produit tant de condamnations.

A ceux qui désireraient des arrêts encore plus sévères, je dirai qu'il y a moyen d'obtenir ces jugements : c'est de mettre les magistrats à l'aise, en rendant la liberté complète à la presse. Si un nouveau journal n'avait pas besoin d'autorisation pour paraître, s'il était tenu seulement à remplir les conditions très-onéreuses de son existence, il est certain que les juges se pourraient montrer plus rigoureux. Mais quand ils voient l'opinion réduite à n'avoir pour organe à Paris que cinq ou six feuilles indépendantes, dont l'existence est sans cesse menacée, ils craignent d'aller au delà du but : placés entre la loi civile et la loi politique, si d'un côté leur sentence peut atteindre un délit particulier, de l'autre elle peut tuer une liberté publique : entre deux dangers, on choisit le moindre.

Voyez, Messieurs, s'il vous convient d'ajouter à tant de lois une loi qui consommerait la ruine de la presse non périodique, une loi dont la tendance secrète est d'amener les auteurs, les imprimeurs et les libraires, par corruption ou terreur, à ne plus rien publier.

Quant à la presse périodique, elle est évidemment l'objet principal de l'animadversion du projet de loi. Il est impossible qu'au moyen des conditions mises à la propriété, le pouvoir administratif n'arrive pas à s'emparer du peu de journaux qui restent libres. Il s'en emparera, soit en intervenant comme acheteur aux enchères consenties ou forcées, soit en produisant, à l'aide de mille chicanes cachées dans le projet de loi, la dissolution des sociétés de propriétaires. Et alors, comme on ne peut établir un nouveau journal sans une autorisation, il est évident que l'administration obtiendra le monopole complet de la presse périodique.

La censure, Messieurs, est infiniment moins dangereuse que ce système-là. La censure est une mesure odieuse, mais transitoire, une mesure qui par son nom même annonce l'état de servitude dans lequel est plongée l'opinion : le bruit de la chaîne avertit de la présence de l'esclave. Mais où trouver le remède, lorsque le pouvoir deviendra à perpétuité possesseur légal des feuilles périodiques ; lorsqu'on pourra s'écrier que la presse est libre, au moment même où elle ne sera plus que la vassale d'un ministère ? Se représente-t-on bien où la France muette, privée des organes libres qui lui restent, où la police écrivant, sous différents noms, dans *les Débats* et *la Quotidienne*, dans *le Constitutionnel* et *le Courrier*, dans le *Journal du Commerce* et dans *la France chrétienne, politique et littéraire ?*

Que les amis du ministère actuel y songent sérieusement. Les ministres ne sont pas inamovibles : cette chambre hospitalière doit être particulièrement convaincue de cette vérité. Aujourd'hui vous seriez charmés que la presse périodique fût entre les mains de quelques hommes favorables à vos opinions ; demain, à l'arrivée d'un ministère dans d'autres principes, tels d'entre vous éprouveraient d'amers regrets d'avoir remis à l'autorité le monopole de la pensée.

Portons notre vue plus haut : ne peut-il pas se rencontrer dans l'avenir un ministère coupable, un ministère conspirateur contre le souverain légitime ? Eh bien ! en lui livrant d'avance tous les journaux, vous lui donneriez le moyen le plus actif de corrompre l'opinion, le moyen le plus prompt de se créer sur toute la surface de la France des adhérents et des complices. Vous seriez vous-mêmes complices d'avance des crimes qui pourraient être commis, des révolutions qui pourraient survenir. Dans ce sens, Messieurs, la loi qu'on vous propose est une loi véritablement conspiratrice. Voilà pourtant où l'on se précipite, lorsqu'on n'écoute que l'irritation de l'amour-propre : il est difficile que l'équité et la prudence se rencontrent avec la colère.

Si l'on répliquait que le projet de loi a été fait pour les circonstances actuelles; que, si ce projet devient loi, un jour on pourra rapporter cette loi, je dirais que je ne vois rien dans les circonstances qui réclame cette mesure; qu'après treize années de restauration, on n'est plus admis à plaider le provisoire, et qu'enfin il n'y a jamais lieu à faire, même provisoirement, une mauvaise loi. Mais n'allons pas nous laisser leurrer au provisoire; ne croyons pas naïvement que des ministres quelconques, successeurs des présents ministres, trouvant une loi qui les rendrait seigneurs suzerains des journaux, fussent très-empressés de nous débarrasser de cette loi; ne croyons pas qu'ils eussent fort à cœur de rendre la liberté à la presse périodique, pour se procurer la satisfaction de voir censurer leurs actes et d'entendre la voix rude de la critique succéder à l'hymne sans fin de leurs bureaux. Ils n'auraient pas fait la loi, ils n'en auraient pas la honte : ils en auraient le profit. Par dévouement aux ministres présents, ne prostituons pas aux ministres futurs la première des libertés constitutionnelles. Les agents de l'autorité suprême, qui pourraient un jour nous ôter les chaînes que nous aurions nous-mêmes forgées, seraient des anges; or on ne voit plus guère ici-bas que des hommes. S'il serait plus beau d'attendre son salut de la vertu, il est plus sûr de le placer dans la loi. Nous sommes avertis du péril, l'écueil est connu; rien de plus facile que de l'éviter : pourquoi donc accomplir volontairement le naufrage, dans l'espoir de nous sauver sur un débris?

Et quand vient-on nous demander un pareil sacrifice? Quand la loi sur la responsabilité des ministres n'est pas faite! Les ministres échappent aujourd'hui à toute responsabilité; il n'existe aucun moyen de les atteindre, excepté pour les faits grossiers de concussion et de trahison; ils peuvent à leur gré refuser toute espèce de renseignements aux pairs et aux députés, se débarrasser des amendements faits par les chambres, en les inscrivant en dehors des projets de loi; ils peuvent fausser nos institutions, ensevelir dans leurs bureaux les pétitions de la France; et il faudrait leur livrer la liberté de la presse, seule garantie qui nous reste, seul supplément moral à la loi sur la responsabilité des ministres!

Quelque malheur inouï, soudain, imprévu, exige-t-il qu'on immole immédiatement cette liberté à la sûreté publique? Non, Messieurs: la France est souffrante, mais paisible; elle attendait avec patience l'amélioration de son sort. Pour un impôt d'un milliard ponctuellement payé, elle se contentait du droit de faire entendre quelques plaintes, que d'ailleurs les ministres n'écoutaient pas, et qu'elle n'avait plus même la prétention de leur faire écouter; et voici qu'on veut punir jusqu'à ses inutiles paroles! voici que du sein de la plus profonde paix sort une loi de discorde et de destruction, une loi qui ressemble à ces lois nommées d'*urgence* dans nos temps de calamités, alors que les passions prenaient le prétexte des périls pour créer des malheurs.

Ce qu'il y avait à faire, nobles pairs, c'était de refondre dans une seule loi toutes nos lois relatives à la presse; d'établir dans cette loi unique la liberté pleine et entière, conformément à l'esprit et à la lettre de la Charte: plus de brevet obligé pour le libraire, plus d'autorisation nécessaire pour établir un journal, plus de poursuites en tendance, plus de censure facultative, plus de responsabilité générale de l'imprimeur, plus de gêne pour la propriété littéraire. Cette large base posée, élevez votre édifice : punissez avec la dernière sévérité les abus, les délits et les crimes qui pourraient être commis par la presse. Je ne reculerai devant aucune des conditions et des menaces de cette loi ; je suis prêt à voter tout ce qui mettra à l'abri la légitimité et la monarchie, la religion et la morale, tout ce qui s'accordera d'une part avec la liberté, de l'autre avec la justice.

L'*immanis lex*, que j'ai demandée avec la liberté complète de la presse, je la demande encore ; car je ne suis pas de ceux qui abandonneraient sans crainte la société sans défense à la licence des passions. Mais si j'admets une loi forte pour les délits et les crimes susceptibles d'être commis par la voie de la presse, je ne veux pas une loi inique, *iniqua lex, injusta lex ;* je repousse une loi qui détruit la liberté, en affectant de frapper le violateur de cette liberté ; une loi bien moins dirigée contre l'écrivain coupable que contre les moyens dont il s'est servi pour le devenir ; une loi qui ne cherche dans le délinquant que l'objet pour lequel il a délinqué ; une loi qui poursuit non le crime, mais ce qui donne matière au crime, c'est-à-dire l'innocence elle-même, victime de l'attentat commis sur elle.

Je n'insiste pas davantage pour vous prouver, Messieurs, ce fait avéré, que nous avons suffisance de lois répressives des abus de la liberté de la presse, et que les tribunaux ont fait un équitable et sévère usage de ces lois. Loin de manquer, elles surabondent : par elles il y a possibilité de ruine des écrivains, et longues années de prison ; l'arbitraire, venant joindre sa tyrannie à la puissance du juge, peut à son gré imposer la censure, refuser l'autorisation pour établir un journal, et retirer à un libraire le brevet qui le fait vivre. Voilà l'inventaire de nos armes contre la liberté de penser et d'écrire ; l'arsenal est assez plein.

Je passe à la seconde question que je me propose d'examiner.

Les crimes et les délits que l'on impute à l'usage de la presse et à la liberté de la presse ont-ils été commis par la presse, et sous le régime de la liberté de la presse?

Tout retentit de déclamations contre la presse : la presse a produit tous les forfaits de la révolution ; la presse a causé tous les malheurs de la monarchie ; la presse a gangrené les esprits, corrompu les mœurs, ruiné la religion. Si on la laissait faire, elle nous replongerait dans le chaos dont nous sommes à peine sortis. Avant la liberté de la presse tout était paisible et heureux en France ; on n'entendait presque jamais parler d'un crime ; les autels étaient respectés, les familles présentaient le spectacle touchant de la fidélité conjugale ; l'enfance, protégée par une éducation chrétienne, conservait toute sa pureté : enfin, Messieurs, voulez-vous connaître les maux qui vous travaillent? lisez ces monitoires avant-coureurs du projet de loi sur lequel vous délibérez, feuilletez ces *factums* intitulés *crimes de la presse,* et osez soutenir qu'il ne soit pas temps de conjurer un fléau.

Je descends dans l'arène historique, puisqu'on nous y veut bien appeler, je relève le gant que l'innocente oppression de la presse jette à la presse criminelle.

La monarchie française a commencé sous Clovis, comme chacun sait, vers l'an 486, en vous faisant grâce, Messieurs, du règne de Pharamond, si Pharamond il y a, et de ses trois premiers successeurs.

Depuis la première année du règne de Clovis jusqu'à l'année 1438, qui vit, sous Charles VII, la découverte de l'imprimerie, posons neuf cent cinquante-deux ans,

De l'année 1438 à l'année 1789, sous le règne de Louis XVI, dans un espace de trois cent cinquante et un ans, la presse n'a jamais cessé d'être contenue ou par la terrible loi romaine, ou par les violents édits de nos rois, ou par la censure.

Le 27 août 1789, la presse devint libre pour la première fois en France : elle perdit bientôt de fait, sinon de droit, cette liberté. Le 17 août 1792 amena l'établissement d'un premier tribunal criminel extra-légal, remplacé en 1793 par le tribunal révolutionnaire. Sous le Directoire, la presse retrouva pendant trois ans sa liberté, pour la perdre après dans une nouvelle proscription ; l'esclavage de la presse fut continué sous le consulat et sous l'empire.

Louis XVIII, en 1814, mit le principe de la liberté de la presse dans la Charte : divers ministères crurent devoir demander la censure. Celle-ci fut abolie en 1819, rétablie en 1820, prolongée jusqu'en 1822, et enfin levée à cette époque, bien qu'elle conserve dans la loi une existence facultative.

De compte fait, nous trouvons donc dans la monarchie neuf cent cinquante-deux années de temps barbares avant la découverte de l'imprimerie; trois cent cinquante et une années depuis cette découverte, sous le régime varié de l'oppression ou de la censure de la presse; trois années de liberté de cette presse, depuis le 27 août 1789 jusqu'au 17 août 1792; trois ans de cette même liberté sous le Directoire jusqu'au 18 fructidor ; six ans sous la restauration : somme totale, à peu près douze années de liberté de la presse dans une monarchie de près de quatorze siècles : sommes-nous déjà fatigués de cette liberté?

Cela posé, on est forcé de convenir que tous les crimes, que toutes les corruptions dont on accuse la liberté de la presse, ne sont point le fait de cette liberté. Rien n'est mortel aux déclamations comme les chiffres : de ces chiffres il résulte que la liberté de la presse est l'exception à la règle dans nos lois. Et quelle exception ! une exception de douze années dans des institutions qui embrassent une période historique de quatorze cent trente et un ans !

Parcourons maintenant les époques. Lorsqu'en 1358 les paysans brûlaient les châteaux des gentilshommes, comme en 1789 ; lorsqu'ils faisaient rôtir ces gentilshommes et s'asseyaient à un festin de cannibales, en contraignant des épouses et des filles outragées à le partager avec eux, était-ce l'imprimerie, non encore découverte, qui avait endoctriné ces vassaux félons ?

Lorsque, le 12 juillet 1418, le peuple de Paris donna dans les prisons la première représentation des 2, 4 et 6 septembre 1792 ; lorsque, obligeant les prisonniers de sortir un à un, il les massacrait à mesure qu'ils sortaient ; lorsqu'il éventrait les femmes, pendait les grands seigneurs et les évêques, l'imprimerie était inconnue, l'esprit humain reposait encore dans une vertueuse ignorance.

Recueillie à sa naissance par la Sorbonne et ensuite par Louis XI, qui la mit apparemment dans une cage de fer, l'imprimerie était trop faible à la fin du seizième siècle et au commencement du dix-septième, pour être accusée de toutes les calamités avenues sous les règnes qui précédèrent ceux de la maison de Valois.

Les massacreurs de la Saint-Barthélemy voulaient-ils l'indépendance de l'opinion ? Ce nommé Thomas, qui se vantait d'avoir tué de sa main quatre-vingts huguenots dans un seul jour ; cet autre assassin qui, par son récit, épouvanta Charles IX lui-même ; ce Coconas qui racheta des mains du peuple trente huguenots pour les tuer à petits coups de poignard, après leur avoir fait abjurer leur foi, sous promesse de la vie ; ces brigands de 1572 ne ressemblaient-ils pas assez bien aux septembriseurs de 1792? Je ne sache pas néanmoins qu'ils fussent grands partisans de la liberté de la presse.

Jacques Clément, Ravaillac, Damiens, avaient été régicides avant les régicides de 1793 ; et le parlement de Paris avait commencé à instruire le procès de Henri III avant que la convention mît Louis XVI en jugement.

Eh ! Messieurs, les horreurs même de la révolution ont-elles eu lieu en face de la liberté de la presse ? La presse, devenue libre en 1789, cessa de l'être le 17 août 1792 ; alors s'établit, je l'ai déjà dit, un tribunal prévôtal. Quelles furent les premières victimes immolées ? des gens de lettres, défenseurs du monarque et de la monarchie. Durosoy, jugé à cinq heures du soir, et conduit au supplice à huit heures et demie, remit au président du tribunal un billet qui ne contenait que ces mots : *Un royaliste comme moi devait mourir un jour de Saint-Louis.* Il précéda son roi, que tant d'autres devaient suivre : il eut la tête tranchée le 25 août 1792.

Les *écrivassiers*, les vils *folliculaires* que poursuit le présent projet de loi ne se découragèrent point ; ils ne s'effrayèrent point de marcher dans un peu de sang sorti de leurs veines : tous les royalistes prirent la plume ; les journaux devinrent un périlleux champ de bataille ; l'intelligence humaine eut ses grenadiers et ses gardes d'honneur, qui se faisaient tuer au pied du trône. Et que faisaient alors les prédicateurs de l'ignorance ? Plusieurs se cachaient devant les échafauds, et quelques-uns jusque dans les crimes révolutionnaires, afin sans doute d'être plus à l'abri.

Au moment du procès de Louis XVI, les écrivains

mêlèrent leur voix à celle des trois défenseurs de la grande victime ; mais elles étaient étouffées par la faction régicide. A cette faction seule était laissée la liberté entière de tout exprimer : la mort, qui présidait à ce tribunal de sang, retirait la parole à quiconque voulait défendre l'innocence et la vertu ; témoin ce grand citoyen, ce magistrat courageux, l'immortel Malesherbes.

Et vous, mon illustre collègue, vous qui avez l'insigne honneur d'être nommé dans l'évangile de la royauté, j'en appelle à votre déposition ; appuyé par la liberté complète de la presse, votre triomphe n'aurait-il pas été assuré? Si la France avait pu hautement se faire entendre, vous auriez brisé les fers du martyr, et nous pourrions aujourd'hui vous féliciter de votre gloire, sans répandre des larmes. Mais votre éloquence fut un baume inutile appliqué sur les blessures du juste ; votre auguste maître aurait pu dire de vous ce que le Christ dit de la femme charitable : *En répandant ce parfum sur mon corps, elle l'a fait en vue de ma sépulture :* AD SEPELIENDUM ME FECIT.

Un nouveau tribunal criminel extraordinaire avec jurés fut érigé le 10 mars 1793, et mis en activité le 27 du même mois ; le 29, on prononça la peine de mort contre ceux qui provoquaient le rétablissement de la royauté, c'est-à-dire contre les écrivains.

Le 17 septembre de la même année, vint le décret contre les suspects : la reine périt le 16 octobre. Le 28 du même mois, le tribunal criminel extraordinaire prit le nom fameux de tribunal révolutionnaire.

Le premier numéro du Bulletin de ces lois où sera inscrite la loi actuelle, si vous l'adoptez, contient la loi qui réprima les abus de la liberté de la presse pendant le règne de la Terreur. Cette loi portait:

« Article 1ᵉʳ. Il y aura un tribunal révolutionnaire. »

« Art. 4. Le tribunal révolutionnaire est institué
« pour punir les ennemis du peuple.

« Art. 5. Les ennemis du peuple sont » (suit la catégorie des ennemis du peuple ; on y trouve) » ceux qui
« auront provoqué le rétablissement de la royauté.....
« ceux qui auront cherché à égarer l'opinion, à altérer
« l'énergie et la pureté des principes révolutionnaires
« et républicains, ou à en arrêter les progrès par *des*
« *écrits contre-révolutionnaires ou insidieux.* »

« Art. 7. La peine portée contre tous les délits dont
« la connaissance appartient au tribunal révolution-
« naire est *la mort.* »

« Art. 9. Tout citoyen a le droit de saisir et de con-
« duire devant les magistrats les conspirateurs et les
« contre-révolutionnaires. »

L'article 13 dispense de la preuve testimoniale, et
l'art. 16 prive de défenseur les *conspirateurs.*

Voilà, Messieurs, de la haine contre la liberté de la
presse sur une grande échelle. Couthon s'entendait à
réprimer les abus de cette liberté. Au moins on ne
soumettait pas les gens de lettres à une loi d'exception ;
la justice et l'égalité de ces temps promenaient sur eux
le niveau révolutionnaire : la mort était alors le droit
commun français. Les écrivains frappés avec tous les
gens d'honneur étaient attachés, en allant au supplice,
non avec des galériens, mais avec Malesherbes, avec
madame Élisabeth. Pour comité de censure on avait le
club des Jacobins ; pour gazette du matin, le procès-
verbal des exécutions de la veille ; le bourreau était le
seul journaliste quotidien qui fût en pleine possession
de la liberté de la presse. On n'exigeait pas des autres
écrivains le dépôt de leurs ouvrages, mais celui de leurs
têtes : c'était plus logique ; car s'il est vrai que les

morts ne reviennent pas, il est aussi certain qu'ils n'écrivent plus.

Cependant, Messieurs, sous la Terreur on se plaignait aussi de la liberté de la presse; on arrêtait les journaux à la poste, comme rendant un compte infidèle des séances de la convention. Thuriot assurait que l'*esprit public était corrompu par des écrits pernicieux; il demandait que l'on empêchât la circulation de ces journaux, qui infectaient tous les jours la France entière de leur poison*: ce sont ses propres paroles. Les rédacteurs du *Moniteur* se virent dans le plus grand péril pour avoir cité un discours prononcé à la société des Jacobins, et inséré dans le journal de cette horde. Le comité de salut public envoyait chercher les épreuves du *Moniteur*, et effaçait apparemment les calomnies contre les crimes. Robespierre s'élevait contre la licence des écrits; il donnait à entendre qu'il était impossible de gouverner avec la liberté de la presse; il incriminait quelques numéros du *Vieux Cordelier*, journal de Camille Desmoulins; il voulait qu'on le brûlât, et Camille Desmoulins lui disait fort bien que *brûler n'était pas répondre*.

Vous jugez facilement, Messieurs, de l'état de la liberté de la presse en France à l'époque où *le Vieux Cordelier* passait pour le journal de l'opposition, pour le journal royaliste. Dans la solitude du Temple, lorsque le roi-orphelin était déjà appelé au ciel par son père, on n'entendait que le bruit de la machine de mort et les acclamations des Furies révolutionnaires. Qui, dans la France désolée, chantait encore un *Domine salvum fac regem* pour le royal enfant délaissé? Quelques écrivains cachés au fond des forêts, des cavernes et des tombeaux.

Après la Terreur, la liberté de la presse reparut: son

effet fut tel, qu'on se crut au moment de voir rentrer le roi. Il fallut du canon et le génie de Buonaparte pour réduire la liberté de la presse. Celui qui devait remporter de plus nobles victoires foudroya les écrivains. A la tête d'une des sections de Paris, il rencontra un homme d'honneur et de talent armé pour les chefs de cette vieille monarchie dont il devait écrire l'histoire ; personnages illustres auxquels il est trop heureux d'avoir pu donner dernièrement un nouveau gage de sa fidélité.

A cette même époque du 13 vendémiaire, un autre homme fut arrêté à Chartres et amené à Paris par des gendarmes, lesquels avaient ordre de l'attacher à la queue de leurs chevaux. L'enceinte où l'Académie tient aujourd'hui ses séances était alors une prison : on y renferma l'homme arrêté à Chartres. Les gendarmes venaient le prendre chaque matin ; ils le conduisaient à une commission militaire. Au bout de cinq jours, on le condamna à être fusillé. De quel crime fut-il atteint et convaincu ? D'avoir usé dans son journal de la liberté de la presse en faveur du roi légitime. Cet homme, aujourd'hui membre de l'Académie, a été frappé avec deux de ses confrères, frappé dans le lieu même qui fut jadis son cachot, frappé pour avoir réclamé une seconde fois cette liberté de la presse dont il avait fait un si loyal emploi. Convenons, Messieurs, que ce sont là de bizarres destinées, de singuliers rapprochements et d'utiles leçons.

Dispersés un moment par le canon du 13 vendémiaire, quand ce censeur eut fini de gronder, les amis de la liberté de la presse revinrent à la charge pour la famille exilée. Le Directoire proposa de les déporter en masse. Les propriétaires, entrepreneurs, directeurs, auteurs, rédacteurs et collaborateurs de cinquante-quatre journaux, furent proscrits. Quelques orateurs voulurent les défendre dans le conseil des cinq-cents ; ils firent observer que, par le vague de la rédaction, les innocents couraient le danger d'être confondus avec les coupables ; on cria : *Tant mieux!* Le représentant du peuple soutint que *les écrivains étaient des conspirateurs ; que leur existence accusait la nature et compromettait l'espèce humaine ; qu'ils corrompaient la morale publique, qu'ils flétrissaient les réputations les mieux méritées.* L'assemblée déclara que tous les journalistes étaient des *coquins*, et en répétant : *Aux voix! aux voix!* on proscrivit quatre-vingts citoyens, en haine de la liberté de la presse et de la légitimité.

Et quels étaient ces vils folliculaires, ces méprisables journalistes? C'étaient les hommes les plus distingués par leurs talents, les Fontanes, les Suard, les Bertin, les Fiévée, les Michaud, les Royou, les Lacretelle, et tant d'autres. Ici, Messieurs, une remarque importante doit être faite.

La liberté de la presse a commencé en France en 1789, précisément avec la révolution : de là il est arrivé que les premiers rédacteurs des premiers journaux libres n'ont été que des citoyens de tous les rangs, de toutes les conditions, de toutes les fortunes, qui s'emparèrent de cette nouvelle arme pour défendre, chacun selon son opinion, les intérêts de leur pays. Le noble et le plébéien, l'homme de cour et l'habitant de la ville, le prêtre et le laïque, le ministre et le député, le juge et le soldat, déposèrent leur pensée dans les feuilles périodiques. Au moment où les plus grandes questions étaient soulevées, au moment où l'ancien ordre de choses disparaissait, on ne s'occupa pas *théoriquement* de la liberté de la presse ; on se hâta de la mettre en *pratique ;* on n'usa pas de la liberté de la presse dans son intérêt propre, mais dans l'intérêt des existences personnelles en péril. Ainsi les journalistes politiques, à leur naissance, n'ont point été chez nous, comme partout ailleurs, de simples raconteurs de nouvelles. Voilà pourquoi il est si injuste d'oublier leur noble origine, de les insulter d'un ton superbe. Vous leur demandez des garanties de leurs principes, ils vous exhiberont les arrêts d'emprisonnement, d'exil, de déportation et de mort dont ils ont été frappés. Contesterez-vous la validité de leurs titres ? N'accepterez-vous pas ces cautionnements qui sont bien à eux, et qu'ils n'ont pas empruntés ?

Le consulat et l'usurpation impériale ne purent s'établir par la servitude de la presse; mais du moins Buonaparte donna la gloire pour censeur à la liberté : c'était l'esclavage, moins la honte.

Sous le poids de ces chaînes brillantes, les écrivains conservèrent seuls le souvenir des Bourbons : on était distrait et enivré dans les camps par la victoire : les gens de lettres, en fouillant dans les caveaux de Saint-Denis, en rappelant l'antique religion, réveillaient des regrets, faisaient naître des espérances ; jamais race de rois n'a tant eu à se louer de la presse que la race de saint Louis. Je le dirai sans crainte d'être démenti, c'est principalement aux gens de lettres que nous sommes redevables du retour de la légitimité : ils la cachèrent dans le sanctuaire des Muses aux jours de la persécution, comme les lévites conservèrent dans le temple la dernière goutte du sang de David. Leur fidélité et leur dévouement au malheur ne méritaient pas le projet de loi qui les menace.

Sur les treize années de la monarchie constitutionnelle, on compte sept années de censure : dans ces sept années se trouvent placés le retour de Buonaparte et cinq ou six conspirations. Nous n'avons, Messieurs, été tranquilles, les conspirations n'ont cessé que depuis qu'on nous a rendu la liberté de la presse. Singulière inadvertance ! on met sur le compte de la liberté de la presse, à peine établie depuis quelques années, tous les désordres, tous les malheurs qui appartiennent à des temps où la presse a été opprimée par la violence des édits, le joug de la censure, et la terreur de la révolution ?

Si, m'abandonnant les crimes pour ainsi dire politiques, on se rabattait sur les crimes de l'ordre moral et civil, on n'aurait pas meilleur marché de l'histoire.

On nous épouvante de la monomanie cruelle d'une servante; et nous voyons, en 1555, un misérable, appartenant à une profession sacrée, se jeter, par amour du sang, sur une petite fille âgée de six ans et l'égorger ! Aux empoisonnements tentés de nos jours, j'opposerai ceux de la veuve Merle, en 1782; de Desrues, en 1776; de la Brinvilliers, en 1674; enfin du parfumeur de Catherine de Médicis, en 1572 : « homme
« confit en toutes sortes de cruautés et de meschan-
« cetés, dit Pierre de l'Estoile ; qui alloit aux prisons
« poignarder les huguenots, et ne vivoit que de meur-
« tres, brigandages et empoisonnements. »

Le crime de Léger est un des plus affreux de notre époque, et un de ceux qui ont le plus prêté aux déclamations contre les effets *immoraux* de la presse : il se reproduit néanmoins plusieurs fois dans l'histoire de la monarchie absolue. On le retrouve sous le règne de Charles VII, dans le maréchal de Retz : ses débauches et ses cruautés sont trop connues. En 1610, fut roué et brûlé à Paris un scélérat, pour violences envers ses trois filles en bas âge : les détails du crime étaient si affreux, que le parlement condamna la procédure à être brûlée avec le criminel, *afin,* dit l'historien, *que ce faict tant enorme fust enseveli et esteint à jamais dans les cendres d'oubliance.* Enfin, en 1782, Blaise Ferage Seyé, maçon, âgé de vingt-deux ans, se retire dans un antre sur le sommet d'une des montagnes d'Aure. Vers le déclin du jour, il sortait de sa caverne, enlevait les femmes, poursuivait à coups de fusil celles qui fuyaient, et exerçait sur ces victimes expirantes toutes les fureurs de Léger. Il ne vivait plus de pain, il était devenu anthropophage. Il fut saisi par la justice, et rompu vif le 13 décembre 1782.

La plupart de ces criminels ne savaient ni lire ni écrire.

Mais voici quelque chose de plus concluant : M. le garde des sceaux a fait publier le compte général de l'administration de la justice criminelle en France pendant l'année 1825. Il résulte des tableaux synoptiques de ce compte, que les cours d'assises ont jugé cinq mille six cent cinquante-trois accusations.

Eh bien, Messieurs ! dans les plus beaux temps du règne de Louis XIV, en 1665, on trouve que douze mille plaintes pour crimes de toutes les espèces furent portées devant les commissaires royaux à ce qu'on appelait *les grands jours d'Auvergne,* c'est-à-dire qu'en 1665 on jugea, dans une seule province de la France, deux fois plus de crimes que l'on en a jugé en 1825 dans toute l'étendue de la France. L'historien qui raconte le fait des douze mille plaintes n'est pas suspect de philosophie, c'est Fléchier : il entre dans les détails. Il nous apprend que l'accusateur et les témoins se trouvaient quelquefois plus criminels que l'accusé.

« Un de ces terribles châtelains, dit-il, entretenait
« dans des tours à Pont-du-Château douze scélérats
« dévoués à toutes sortes de crimes, qu'il appelait ses

« douze apôtres. » L'abbé Ducreux, éditeur des ouvrages de Fléchier, rapporte à cette occasion l'exécution d'un curé condamné pour des crimes affreux, et il déplore l'état où l'ignorance et la corruption des mœurs avaient fait tomber la société à cette époque : il y eut dans un seul jour plus de trente exécutions en effigie.

Trente-quatre ans plus tard, en 1699, toujours sous le règne du grand roi, une femme, appelée Tiquet, eut la tête tranchée pour tentative d'assassinat sur son mari. Louis XIV, sollicité par le mari même de cette femme, allait accorder des lettres de grâce, lorsque l'archevêque de Paris représenta au roi que les confesseurs avaient *les oreilles rebattues* de projets contre la vie des maris. L'arrêt fut exécuté.

Certes, on ne dira pas que la religion fût sans force, le clergé sans puissance, l'instruction chrétienne sans vigueur sous le règne de Louis XIV : et pourtant les forfaits que je viens de rappeler n'étaient ni prévenus par l'esprit d'un siècle que l'on nous cite comme modèle, ni fomentés par la liberté de la presse, qui n'existait pas.

Il m'en a coûté, Messieurs, de vous présenter ce triste inventaire des dépravations humaines. C'est bien malgré moi que j'en suis venu à ces affligeantes représailles; mais tous les jours les détracteurs de nos institutions nous poursuivaient de leurs mensonges : le tableau des prétendus crimes de la presse, incessamment ravivé, fascinait la foule, troublait les esprits faibles, rendait perplexes les caractères les plus fermes. Il fallait en finir; il fallait faire remonter le mal à sa source, en confondant la mauvaise foi; il était urgent de prouver que les forfaits attribués à la liberté de la presse, afin d'avoir un prétexte de l'étouffer, ne sont point d'elle; que ces forfaits se retrouvent avec plus d'abondance, avec des circonstances plus atroces, aux diverses époques de la monarchie absolue. Ignorance et censure, reprenez vos crimes ! En maxime de droit, les coupables ne sont reçus ni comme témoins, ni comme accusateurs.

Si l'on me disait que des attentats peuvent être commis sous la liberté de la presse, je ne suis pas assez absurde pour le contester. Mais est-ce la question? Il s'agit de savoir si l'asservissement de la presse prévient les actions coupables : or, c'est ce que je nie. Par les exemples que j'ai cités, j'ai le droit de soutenir que les crimes sont plus nombreux, plus faciles à exécuter dans l'absence de la liberté de la presse qu'en présence de cette liberté.

Reste à examiner l'article des mœurs. J'en suis fâché pour les partisans du projet de loi, pour les admirateurs du bon vieux temps, auquel ce projet ne manquera pas de nous ramener : les abominables jours de la liberté de la presse, ces jours où nous avons le malheur de vivre, vont encore gagner leur procès.

A quelle époque de la monarchie absolue veut-on que je me place? sous la première ou sous la seconde race? Ouvrirons-nous Grégoire de Tours, Frédégaire, Éginhart, les Annales de Fulde ou les Chroniques des Normands? Nous y verrions de bien belles choses sur les bonnes mœurs de ces temps, où l'invention de l'imprimerie n'était point encore sortie de l'enfer. Passerons-nous tout de suite aux croisades? Les chevaliers, sans doute, étaient des héros; mais étaient-ils des saints? Qu'on lise les sermons de saint Bernard; on verra ce qu'il reprochait à son siècle. Après le règne de saint Louis, nous ne rencontrons guère que des cours corrompues; le brigandage des guerres civiles se mêle à des dévotions déshonorées par tous les genres d'excès.

Il est affreux de le dire, mais il ne faut rien laisser d'inconnu sur ces temps dont on a le courage de regretter l'ignorance : la religion, Messieurs, subissait les outrages de cette ignorance. C'était l'hostie sur les lèvres, c'était après avoir juré à la sainte table l'oubli de toute inimitié, qu'on enfonçait le poignard dans le sein de celui avec lequel on venait de se réconcilier. On ne se servait de l'absolution du prêtre que pour commettre le crime avec innocence. La conscience retrouvait la paix dans le sacrilége, et Louis XI expirait sans remords, sinon sans terreur.

Isabelle de Bavière mourut en 1435, trois années seulement avant la découverte de l'imprimerie : apparemment que l'approche de ce fléau se fit sentir dans le règne de cette reine, à en juger par la dépravation des mœurs.

A la cour de ces ducs de Bourgogne, qu'un de nos nobles collègues a peinte avec le charme des anciennes chroniques et la raison de l'histoire moderne, les grands seigneurs se *gaudissoient* à table dans des contes trop naïfs, qui sont devenus *les Cent Nouvelles nouvelles*. Qu'on ne dise pas que ces déviations morales n'avaient lieu que dans le cercle des grands : elles se faisaient remarquer partout. Les plaintes contre la dissolution des religieux et des prélats étaient générales.

Le peuple se laissait emporter à des débordements effroyables : qui n'a entendu parler de la *vaudoisie* d'Arras ? Les hommes et les femmes se retiraient la nuit dans les bois, où, après avoir trouvé un certain démon, ils se livraient pêle-mêle à une prostitution générale.

Les lois voulurent réprimer ces excès; elles furent atroces : elles punirent par une espèce de débauche de barbarie la débauche des mœurs.

Regretterons-nous ces temps où des populations entières étaient ainsi abruties? D'un côté l'ignorance des lettres humaines, de l'autre côté l'enseignement de la religion et l'exercice du pouvoir absolu, n'étaient-ils pas impuissants contre ces horreurs? Aujourd'hui de pareilles choses seraient-elles possibles? N'est-ce pas le progrès de la civilisation et des lumières, n'est-ce pas l'usage que les hommes ont fait de la faculté de penser et d'écrire, n'est-ce pas l'accroissement des libertés publiques qui a délivré le monde de ces prodigieuses corruptions?

Je ne m'imagine pas que le règne de François Ier fût précisément un règne de vertu, bien que ce grand roi eût eu l'intention, pendant quelques mois, de faire briser toutes les presses de son royaume. Rabelais et Brantôme ne manquent ni de saletés, ni d'impiétés : on brûlait cependant de leur temps les hérétiques. Il est probable que Charles IX n'eût pas permis qu'on volât la vaisselle d'argent de son hôte, le sieur de Nantouillet, chez lequel il avait dîné, si l'on avait joui d'un peu plus de liberté de la presse. Henri III, habillé en femme, un collier de perles au cou, ne fait pas beaucoup d'honneur aux mœurs de ces temps, où l'on défendait d'écrire *à peine de la hart*. Villequier tue sa femme parce qu'elle ne veut pas se prostituer à Henri III; Cimier tue son frère, chevalier de Malte, parce que ce frère avait entretenu un commerce criminel avec sa belle-sœur; Vermandet est décapité pour inceste; Dadon, régent de classe, est brûlé comme corrupteur de l'enfance; la duchesse de Guise se livre à un moine pour obtenir l'assassinat d'un roi; et Marguérite de Valois va cacher dans le château d'Usson les désordres de sa vie.

Le sentiment religieux n'était pas moins altéré que le sentiment moral. Ceux-ci, catholiques sincères, le chapelet à la main, s'enfonçaient dans tous les vices; ceux-là, abandonnés aux mêmes vices, tuaient les réformés, sans être persuadés de la religion au nom de laquelle ils les persécutaient. Maugiron et Saint-Mesgrin moururent le blasphème à la bouche. Les athées étaient fort communs. Il y avait des hommes, disent plaisamment les Mémoires du temps, *qui ne croyaient à Dieu que sous bénéfice d'inventaire.*

En nous rapprochant de notre siècle, serons-nous plus édifiés des mœurs de la Fronde? Le cardinal de Retz nous les a trop fait connaître.

Par respect, admiration et reconnaissance, jetons un voile sur certaine partie du règne de Louis le Grand.

Enfin, à l'abri de la censure, fleurirent dans toute leur innocence l'âge d'or de la régence et les jours purs qui l'ont suivie. Ces temps sont trop près de nous pour descendre à des particularités qui deviendraient des satires. Il suffira de noter quelques faits généraux à l'appui de la thèse que je soutiens.

A cette époque, Messieurs, les diverses classes de la société se ressemblaient : les Mémoires de Lauzun et de Bezenval ne contiennent pas plus de turpitudes que les Mémoires de Grimm et de madame d'Épinay, que les Confessions de Rousseau et les Mémoires des secrétaires de Voltaire.

Par une dérision dont l'histoire offre plusieurs exemples, on ne croyait pas en Dieu, et l'on fulminait des arrêts contre l'impiété; les hommes les moins chastes prononçaient des châtiments contre les publications obscènes; les édits de 1728 et de 1757 condamnaient au bannissement, aux galères, au pilori, à la marque, à la potence, les auteurs, imprimeurs et distributeurs de livres contre l'ordre religieux, moral et politique. Le gouvernement n'avait plus l'air d'être celui du peuple sur lequel il dominait. On remarquait, entre les lois et les mœurs, ces contradictions qui annoncent une altération radicale dans le fond des choses, et un prochain changement dans la société.

N'est-ce pas lorsque les colléges étaient gouvernés par des ecclésiastiques que se sont échappés de ces mêmes colléges les destructeurs du trône et de l'autel? Je n'accuse point la science et la piété de ces anciens maîtres, je désire que l'éducation soit fortement chrétienne; je ne fais point la guerre au passé, mais je défends le présent, qu'on calomnie : je dis qu'on n'empêche point les générations d'être ce qu'elles doivent être; je dis qu'on n'est pas reçu à charger la liberté de la presse des désordres que l'on croit apercevoir aujourd'hui, lorsque le dix-huitième siècle avec son impiété et sa dépravation s'est écoulé sous la censure, s'est élancé, du sein même de l'enseignement religieux, dans le gouffre de la révolution.

Me dira-t-on que c'est précisément la licence des écrits qui a engendré les malheurs et la corruption du dernier siècle? Alors je demande à quoi bon les mesures que vous proposez; puisque le gibet, le carcan, les galères, le donjon de Vincennes, la Bastille, la censure et le pouvoir absolu n'ont pu arrêter l'essor de la pensée; puisqu'en condamnant au feu le chevalier de La Barre vous n'avez point épouvanté l'impiété? Essayez donc de la liberté de la presse, ne fût-ce que comme un remède, l'inefficacité de l'oppression pour étouffer l'indépendance de l'esprit de l'homme étant reconnue.

Cessons, Messieurs, de flétrir le siècle qui commence : nos enfants valent mieux que nous. On s'écrie que la France est impie et corrompue, et, quand on jette les yeux autour de soi, on n'aperçoit que des familles plus régulières dans leurs mœurs qu'elles ne l'ont jamais été; on ne voit que des temples où se presse une multitude attentive, qui écoute avec respect les instructions de son pasteur. Une jeunesse pleine de talent et de savoir, une jeunesse sérieuse, trop sérieuse peut-être, n'affiche ni l'irréligion ni la débauche. Son penchant l'entraîne aux études graves et à la recherche des choses positives. Les déclamations ne la touchent point; elle demande qu'on l'entretienne de la raison, comme l'ancienne jeunesse voulait qu'on lui parlât de plaisirs. On l'accuserait injustement de se nourrir d'ouvrages qu'elle méprise, ou qui sont si loin de ses idées qu'elle ne les comprend même plus. Il a très-peu d'hommes de mon âge et au delà qui n'aient la mémoire souillée d'un poëme doublement coupable : vous ne trouveriez pas dix jeunes gens qui sussent aujourd'hui dix vers de ce poëme, que nous savions tous par cœur au collége.

Que prétendez-vous donc? Vous vous créez des chimères, et, pour les combattre, vous imaginez de rétablir précisément la législation qui a produit les mauvais livres dont vous vous plaignez. Voulez-vous faire des impies et des hypocrites? montrez-vous fanatiques et intolérants. La morale n'admet point de lois somptuaires : ce n'est que par les bons exemples et par la charité que l'on peut diminuer le luxe des vices.

Mais observez, je vous prie, Messieurs, que cette jeunesse, si tranquille maintenant avec la liberté de la presse, était tumultueuse au temps de la censure. Elle s'agitait sous les chaînes dont on chargeait la pensée.

Par une réaction naturelle, plus on la refoulait vers l'arbitraire, plus elle devenait républicaine; elle nous poussait hors de la scène, nous autres générations vieillissantes, et dans son exaspération elle nous eût peut-être écrasés tous. Bannie du présent, étrangère au passé, elle se croyait permis de disposer de l'avenir : ne pouvant écrire, elle s'insurgeait ; son instinct la portait à chercher à travers le péril quelque chose de grand, fait pour elle, et qui lui était inconnu : on ne la contenait qu'avec des gendarmes. Aujourd'hui, docile jusque dans l'exaltation de la douleur, si elle fait quelque résistance, ce n'est que pour accomplir un pieux devoir, que pour obtenir l'honneur de porter un cercueil : un regard, un signe l'arrête. Sous la menace d'une nouvelle loi de servitude, cette jeunesse donne un rare exemple de modération ; à la voix d'un maître qu'elle aime, elle comprime ces sentiments que la candeur de l'âge ne sait ni repousser ni taire : plus de mille disciples (délicatesse toute française !) cachent dans leur admiration leur reconnaissance : ils remplacent par des applaudissements dus au plus beau talent ceux qu'ils brûlaient de prodiguer à la noblesse d'un sacrifice.

Je ne sépare point, Messieurs, de ces éloges donnés à la jeunesse, les fils des guerriers renommés, des savants illustres, des administrateurs habiles, des grands citoyens, qui représentent au milieu de cette noble chambre les différentes gloires de leur pères. Instruits aux libertés publiques sans les avoir achetées par des malheurs, ils apprendront de vous, nobles pairs, l'art difficile de ces discussions où la connaissance de la matière se joint à la clarté des idées et à l'éloquence du langage ; de ces discussions où toutes les convenances sont gardées, où les passions ne viennent jamais obscurcir les vérités, où l'on parle avec sincérité, où l'on écoute avec conscience. Pénétrés de la plus profonde reconnaissance pour la mémoire d'un roi magnanime qui voulut bien donner à leur sang une portion de souveraineté héréditaire, nos enfants seront prêts, comme nous, à verser pour nos princes légitimes la dernière goutte de ce sang; ils leur feront, s'il le faut, un sacrifice plus pénible : ils oseront signaler les erreurs échappées peut-être aux conseillers de la couronne, et par qui la France aurait à souffrir dans son repos, sa dignité ou son honneur. Ils se souviendront des belles paroles de l'ordonnance qui institue l'hérédité de la pairie : «Voulant donner à nos peuples, dit Louis XVIII, « un nouveau gage du prix que nous mettons à fonder « de la manière la plus stable les institutions sur les- « quelles repose le gouvernement que nous leur avons « donné, ET QUE NOUS REGARDONS COMME LE SEUL « PROPRE A FAIRE LEUR BONHEUR. »

Telles sont, Messieurs, les générations qui vivent sous la liberté de la presse, et telles furent celles qui ont passé sous l'asservissement de la presse. C'est un fait incontestable que partout où la liberté de la presse s'est établie, elle a adouci et épuré les mœurs, en éclairant les esprits. Quand a cessé ce long massacre de rois, ces atroces guerres civiles qui ont désolé l'Angleterre? Quand la liberté de la presse a été fixée. Deux fois l'incrédulité a voulu se montrer dans la Grande-Bretagne sous la bannière de Toland et de Hume; deux fois la liberté de la presse l'a repoussée. Jetez les yeux sur le reste de l'Europe, vous reconnaîtrez que la corruption des mœurs est précisément en raison du plus ou moins d'entraves que les gouvernements mettent à l'expression de la pensée. Un écrivain qui consacre ses veilles à des travaux utiles vous a prouvé que jusque dans Paris les quartiers où il y a plus d'instruction sont ceux où il y a moins de désordre. On vous a parlé de la multitude des mauvais livres : un de vos savants collègues, à la fois homme d'État et homme de lettres supérieur, a démontré, par des calculs sans réplique, que les ouvrages sur la religion, l'histoire et les sciences, c'est-à-dire tous les ouvrages sérieux, ont augmenté depuis les années de la liberté de la presse dans une proportion qui fait honneur à l'esprit public.

La véritable censure, Messieurs, est celle que la liberté de la presse exerce sur les mœurs. Il y a des choses honteuses qu'on se permettrait avec le silence des journaux, et qu'on n'oserait hasarder sous la surveillance de la presse. Les grands scandales, les grands forfaits dont notre histoire est remplie dans les plus hauts rangs de la société, seraient aujourd'hui impossibles avec la liberté de la presse. N'est-ce donc rien qu'une liberté qui peut prévenir l'accomplissement d'un crime, ou qui force les chefs des empires à joindre la décence à leurs autres vertus?

Tel est, Messieurs, le tableau complet des mœurs de ces siècles où la presse et la liberté de la presse étaient ignorées. Écrasé par les faits, accablé par les preuves historiques, on est obligé de reconnaître que toutes les accusations contre la liberté de la presse n'ont pas le plus léger fondement; on reste convaincu qu'il faut chercher, non dans des intérêts généraux, mais dans de misérables intérêts particuliers, la cause d'un déchaînement qui autrement serait inexplicable. Il est en effet facile d'établir les catégories des ennemis de la liberté de la presse, et c'est par là que je vais terminer cette seconde partie de mon discours.

Les ennemis (je ne dis pas les adversaires) de la liberté de la presse sont d'abord les hommes qui ont quelque chose à cacher dans leur vie, ensuite ceux qui désirent dérober au public leurs œuvres et leurs manœuvres, les hypocrites, les administrateurs incapables, les auteurs sifflés, les provinciaux dont on rit, les niais dont on se moque, les intrigants et les valets de toutes les espèces.

La foule des médiocrités est en révolte contre la liberté de la presse : comment, un sot ne sera pas en sûreté! Cette Charte est véritablement un fléau! Les petites tyrannies qui ne peuvent s'exercer à l'aise, les abus qui n'ont pas les coudées franches, les sociétés secrètes qui ne peuvent parler sans qu'on les entende, la police qui n'a plus rien à faire, jettent les hauts cris contre cette maudite liberté de la presse. Enfin, les censeurs en espérance s'indignent contre un ordre de choses qui les affame ; ils battent des mains à un projet de loi qui leur promet des ouvrages à mettre au pilon, comme les entrepreneurs de funérailles se réjouissent à l'approche d'une grande mortalité.

Restent après tous ceux-ci quelques hommes extrêmement honorables que des préventions, des théories, peut-être le souvenir de quelques outrages non mérités, rendent antipathiques à la liberté de la presse. Je vous parlerai bientôt, Messieurs, d'une classe d'hommes qui ne veut pas non plus de cette liberté, parce qu'elle ne veut pas de la monarchie constitutionnelle.

Mais, dira-t-on, vous ne nierez pas l'existence des petites biographies? Non! je rappellerai seulement à votre mémoire que ces espèces de pamphlets ont existé de tout temps. Si la monarchie avait pu être renversée par des chansons et des satires, il y a longtemps qu'elle n'existerait plus. Allons-nous rendre des arrêts contre la conspiration des épigrammes, et ajouter gravement au Code criminel le titre *des bons mots et des quolibets?* Ce serait une grande misère que de voir l'irréligion dans un calembour, et la calomnie dans un logogriphe.

Chez nos pères, les *sirventes* n'étaient, Messieurs, que des satires personnelles les plus amères. Qui ignore les écrits de la Ligue? La satire *Ménippée* est la biographie des députés aux états généraux de Paris de 1593. La Fronde eut ses *Mazarinades;* les épouvantables *Philippiques* furent noblement méprisées par le régent.

Enfin n'avions-nous pas avant la révolution, sous la protection de la censure, ces noëls scandaleux, ces chansons calomnieuses, que répétait toute la France? N'avions-nous pas les gazettes à la main, cette *Gazette ecclésiastique* qui déjouait toutes les recherches de la police? N'avions-nous pas ces *Mémoires secrets de Bachaumont,* « amas d'absurdités, dit La Harpe, ra-
« massées dans les ruisseaux, où les plus honnêtes
« gens et les hommes les plus célèbres en tous genres
« sont outragés et calomniés avec l'impudence et la
« grossièreté des beaux esprits d'antichambre? »

N'est-ce pas là, Messieurs, ces biographies dont on a voulu faire tant de bruit, et qui auraient été oubliées vingt-quatre heures après leur publication, si les tribunaux n'en avaient prolongé l'existence par leur justice?

De pareils libelles sont coupables, on les doit poursuivre avec rigueur; mais il ne faut pas confondre l'ordre politique et l'ordre civil, il ne faut pas détruire une liberté publique pour venger l'injure d'un particulier. Je pourrais, Messieurs, déposer sur ce bureau cinq ou six gros volumes imprimés contre moi, sans compter autant de volumes d'articles de journaux. Viendrai-je, moi chétif, pour l'amour de ma petite per-

sonne, vous demander en larmoyant la proscription de
a première de nos libertés ? On m'aura dit que je suis
un méchant écrivain, et que j'étais un mauvais ministre : si cela est vrai, quel droit aurais-je de me plaindre ? Le public est-il obligé de partager la bonne opinion
que je puis avoir de moi ? Arrière ces susceptibilités
d'amour-propre ! fi de toutes ces vanités ! Autrement,
tous les personnages de Molière viendraient nous présenter des pétitions contre la liberté de la presse, depuis
Trissotin jusqu'à Pourceaugnac, depuis le bon M. Tartufe jusqu'au pauvre George Dandin.

Messieurs, vous n'êtes point des guérisseurs d'amour-propre en souffrance, des emmailloteurs de vanités
blessées, des Pères de la Merci, des Frères de la Miséricorde : vous êtes des législateurs. Pour quelques
plaintes d'une gloriole choquée, pour quelques intérêts de coterie, vous ne sacrifierez point les droits de
l'intelligence humaine ; pour venger quelques hommes
attaqués dans de méprisables biographies, vous ne violerez pas la Charte, vous ne briserez pas le grand ressort du gouvernement représentatif.

Ce n'est jamais au profit de la société tout entière
qu'on nous présente des lois, c'est toujours au profit
de quelques individus. On nous parle toujours des intérêts de la religion et du trône ; et quand on va au
fond de la question, on trouve toujours que la religion
et le trône n'y sont pour rien.

Messieurs, quand nos arrière-neveux compteront
quatorze cents ans de lumières et de liberté de la presse
avec douze années de censure, comme nous comptons
aujourd'hui quatorze siècles d'ignorance et de censure,
avec douze années de liberté de la presse, le procès se
pourra juger. En attendant, il est bon d'essayer si, avec
la liberté de la presse, nos enfants pourront éviter la

Jacquerie, les meurtres des Armagnacs et des Bourguignons, les massacres de la Saint-Barthélemy, les assassinats de Henri III, de Henri IV et de Louis XV, la corruption de la régence et du siècle qui l'a suivie, enfin les crimes révolutionnaires, crimes qui auraient été prévenus ou arrêtés, si les écrivains n'eussent été condamnés à l'échafaud, ou déportés à la Guyane.

Je n'aurais jamais osé, Messieurs, entrer dans d'aussi longs développements, si je n'avais espéré de vous en abréger un peu l'ennui par l'intérêt historique. Il est plus que temps d'en venir aux autres vérités importantes, dont j'ai réservé la démonstration pour la troisième partie de ce discours.

Les vérités dont je me propose maintenant, Messieurs, de vous entretenir, sont celles-ci :

La religion n'est point intéressée au projet de loi ; elle n'y trouve aucun secours. L'esprit du christianisme et le caractère de l'Église gallicane sont en opposition directe avec la loi.

J'entre avec une sorte de regret dans l'examen d'un sujet religieux. Nous autres hommes du siècle, nous pouvons faire tort à une cause sainte en la mêlant à nos discours : trop souvent les faiblesses de notre vie exposent à la risée la force de nos doctrines.

Mais les circonstances me ramènent malgré moi sur un champ de bataille où j'ai jadis combattu presque seul au milieu des ruines : les ennemis de la liberté de la presse proclament des périls, et, se portant défenseurs officieux des intérêts de l'autel, ils sollicitent des lois qu'ils disent nécessaires : nobles pairs, vous prononcerez entre nous.

Quelle est la position de la religion relativement à l'esprit public et relativement aux lois existantes? Examinons.

La presse a pu nuire à la religion de deux manières : ou par l'impression d'ouvrages nouveaux, ou par la réimpression d'anciens ouvrages.

Quant aux ouvrages nouveaux, l'enquête sera bientôt terminée : depuis l'établissement de la liberté de la presse, il n'a pas été publié un seul livre contre les principes essentiels de la religion. Fut-il jamais de réponse plus péremptoire à des accusations plus hasardées ?

Quant aux réimpressions des anciens livres, le projet de loi les prévient-il ? Non.

Les lois existantes suffisaient-elles pour punir ces réimpressions ? Oui.

Une jurisprudence très-sage s'est établie sur ce point ; des condamnations ont été prononcées contre de vieilles impiétés reproduites, comme si ces impiétés en étaient à leur première édition. Le projet de loi que nous discutons ne stipule rien de plus ; il n'ajoute par conséquent rien à la législation actuelle.

On se plaint de la réimpression des mauvais livres, et l'on ne fait pas attention que ces livres ont tous été écrits sous le régime de la censure. Et c'est par la censure, plus ou moins déguisée, que l'on veut prévenir ce que la censure n'a pu arrêter !

Que peuvent, au surplus, toutes les mesures répressives, tous les règlements de la police contre la circulation des anciens ouvrages ? Les bibliothèques sont saturées, les magasins de librairie encombrés de Rousseau et de Voltaire, le royaume en est fourni pour plus d'un demi-siècle, et, au défaut de la France, la Belgique ne vous en laisserait pas chômer. Le projet de loi n'aura d'autre effet que d'élever la valeur de ces ouvrages. Il est si bien calculé, qu'en appauvrissant les libraires par les bons livres, il les enrichirait par les mauvais;

l'esprit en est odieux, les résultats en seraient absurdes.

On ne cesse de nous citer des ouvrages dangereux, tirés à des milliers d'exemplaires, formant des millions de feuilles d'impression. Mais d'abord tous ces ouvrages se sont-ils vendus? Ils ont ruiné la plupart des éditeurs. Si une colère puérile contre la presse n'était venue réveiller la cupidité des marchands, tout demeurait enseveli dans la poussière. Parcourez les provinces: vous aurez de la peine à trouver quelques exemplaires de ces écrits, dont on prétend que la France est inondée.

Et, parmi ces milliers de mauvais livres, tout est-il mauvais? Dans les œuvres complètes de Voltaire, par exemple, quand vous aurez retranché une douzaine de volumes, et c'est beaucoup, le reste ne pourrait-il pas être mis entre les mains de tout le monde?

Enfin, ces milliers de mauvais livres n'ont-ils pas leur contre-poids dans des milliers de bons livres? Nos temps ont vu imprimer les œuvres complètes des Bossuet, des Fénelon, des Massillon, des Bourdaloue, qui n'avaient jamais été totalement recueillies. Mais venons encore aux chiffres.

Dans les tableaux présentés par un noble pair dont j'ai déjà cité la puissante autorité, vous trouverez que depuis le 1er novembre 1811 jusqu'au 31 décembre 1825, la librairie française a publié en textes sacrés, traductions, commentaires, liturgie, livres de prières, catéchisme mystique, ascétique, etc., 159,586,642 feuilles imprimées.

Les nombres compris sous les années de liberté de la presse, c'est-à-dire depuis 1822 jusqu'à 1825, ont été toujours croissant, de manière qu'en 1821 vous trouverez 7,998,857 feuilles; en 1822, 9,021,852; en 1823, 10,361,297; en 1824, 10,976,179; et en 1825, 13,238,620 feuilles. Est-ce là, Messieurs, un siècle impie? et la liberté de la presse a-t-elle arrêté le mouvement de l'esprit religieux?

Passons à d'autres calculs.

Depuis le 27 avril 1822 jusqu'au 6 mars 1827, 83 causes pour délits de la presse, comme je l'ai déjà dit, ont été portées devant la cour royale de Paris; de ces 83 causes il faut retrancher 13 acquittements et trois causes non jugées; ce qui réduit le tout à 67 délits réels, lesquels ont amené 67 condamnations. Si l'on contestait l'exactitude rigoureuse de ce chiffre, deux ou trois causes de plus ou de moins ne font rien à l'affaire. Divisez maintenant ces 67 condamnations par les années où elles ont eu lieu, c'est-à-dire par 5, depuis le mois d'avril 1822 jusqu'au mois de mars 1827, vous trouverez à peu près 14 délits par année. Ce résultat vous force d'abord à convenir que les délits littéraires se réduisent à bien peu de chose; que ces désordres sont bien peu nombreux, comparés aux autres désordres réprimés par les tribunaux.

Par exemple, dans le compte général déjà cité de l'administration de la justice criminelle pendant l'année 1825, on trouve que les cours d'assises ont jugé 5,653 accusations; sous le titre de diffamations et injures, on remarque 3,140 prévenus, et le travail de M. le ministre de la justice ne donne pour toute la France, dans cette année 1825, que 27 délits de la presse, 2 dans les départements, 25 à Paris. Ainsi, sur 3,140 prévenus de diffamations et injures commises par toutes sortes de voies, 27 délinquants seulement se sont servis du moyen de la presse, en supposant encore que les 27 causes relatives à la presse fussent toutes des causes de diffamations et d'injures. Or, comme en 1825, d'après les calculs de M. le comte Daru, on a tiré 12,810,483 feuilles d'ouvrages et 24,660,000 feuilles de journaux, il en résulte qu'il n'y a eu que 27 délits produits par 149,670,483 feuilles d'impression.

Maintenant, si vous remarquez que sur une population de 30,504,000 âmes il y a eu, en 1825, 4,594 sentenciés par les cours d'assises, cela fait un coupable sur à peu près 6,000 individus, tandis que les 27 publications répréhensibles, sur les 149,670,483 feuilles imprimées dans l'année 1825, n'arrivent qu'à la proportion d'environ un écrit condamné sur 500,543,351 feuilles publiées.

Quand vous ajouteriez la répression des contraventions et délits par les tribunaux correctionnels et les tribunaux de simple police, vous multiplieriez le nombre des repris de justice pour toutes sortes de faits, sans augmenter celui des accusés pour délits de la presse ; mon argument n'en serait que plus concluant.

Dans ce peu de délits commis par la presse en général, cherchons à présent la part de la religion. Sur 69 condamnations pour affaires de la presse, à la cour royale de Paris, dans les cinq dernières années, 13 seulement sont relatives à des outrages envers la religion et ses ministres. Il est essentiel d'observer que pas une seule de ces condamnations n'a été prononcée en récidive.

Treize divisés par cinq ne donnent pas un quotient de trois condamnations pour délits religieux, et voilà néanmoins ce qu'on appelle un débordement d'impiété !

Les adversaires de la liberté de la presse en seraient-ils réduits, pour justifier leur système, à désirer que les preuves judiciaires d'une impiété prétendue fussent plus multipliées ? Quels seraient les meilleurs chrétiens, de ceux qui se réjouiraient de trouver si peu de coupables, ou de ceux qui s'affligeraient de rencontrer tant d'innocents ? Quand l'orgueil de l'homme est soulevé, il devient impitoyable : s'il a placé son triomphe dans la supposition de la dépravation des mœurs, il ne voudra pas en avoir le démenti ; on l'a vu quelquefois, lorsqu'il y avait disette de mauvaises actions, inventer des prévaricateurs avec des lois, en donnant le nom de crime à la vertu.

Ainsi, Messieurs, depuis l'établissement de la liberté de la presse, pas un seul nouveau livre n'a été écrit contre les principes fondamentaux de notre foi ; ainsi, depuis le règne de cette liberté, les ouvrages pieux se sont multipliés à l'infini ; ainsi la cour royale de Paris n'a eu à juger par an que trois délits peu graves en matière religieuse ; elle n'a fait grâce à aucun, et elle les a sévèrement punis.

Les faits rétablis, la position de la religion reconnue, voyons, puisque cette religion n'a réellement à se plaindre ni de l'esprit public, ni de la faiblesse des anciennes lois, ni de la justice des tribunaux, voyons si elle a à se louer du nouveau projet de loi.

Je demande d'abord si ce projet peut être approuvé par la morale chrétienne. Ne favorise-t-il pas la fraude ? Ne détruit-il pas des engagements contractés sous l'empire d'une autre loi, sous la garantie des autorités compétentes, sous la sauvegarde de la bonne foi publique ? N'envahit-il pas la propriété, en imposant à cette propriété des conditions autres que celles qui furent d'abord prescrites ? L'effet de ce projet n'est-il pas rétroactif ? Dans ce cas, le premier principe de la justice n'est-il pas ouvertement méconnu ? Que ce projet, s'il doit devenir loi, s'applique à la propriété littéraire à naître, au moins la probité naturelle n'en sera pas blessée ; mais qu'il soit exécutoire pour la propriété littéraire déjà existante en vertu d'autres lois, c'est renverser les fondements du droit, c'est violer patemment l'article 9 de la Charte, qui dit: *Toutes les propriétés sont inviolables sans aucune exception.*

Si un homme se présentait au tribunal de la pénitence, en manifestant ce penchant au dol et à la fraude que l'on trouve dans les articles du projet, la main qui lie et délie se lèverait-elle pour l'absoudre? Je crois trop aux vertus de nos prêtres pour penser jamais qu'ils puissent approuver dans le sanctuaire des lois humaines ce qu'ils repousseraient au tribunal des lois divines.

Cette loi, d'ailleurs, atteint-elle le but auquel le clergé pouvait aspirer? Met-elle à l'abri la religion, cette loi où le mot de *religion* n'est pas même prononcé? Attaque-t-elle l'impiété dans sa source? Ose-t-elle dire franchement que telle chose est défendue, cette loi de ruse et d'astuce, qui n'ose être forte parce qu'elle se sent injuste? Que prévient-elle, qu'empêche-t-elle? Rien. Elle ne tue, elle n'immole que la liberté de la presse, et ne met aucun frein à la licence.

Et depuis quand le clergé serait-il l'ennemi des libertés publiques? N'est-ce pas au sein de ces libertés, souvent par lui protégées, qu'il a jadis trouvé son pouvoir? Si, dans cette noble chambre, on voyait de respectables prélats élever la voix contre une loi antisociale; s'ils la repoussaient en vertu du même principe qui détermina leurs prédécesseurs à sauver les lettres et les arts du naufrage de la barbarie, on ne saurait dire à quel degré de force et de vénération le clergé parviendrait en France : toutes les calomnies tomberaient. Eh! qu'y aurait-il de plus beau que la parole de Dieu réclamant la liberté de la parole humaine?

Il existe, Messieurs, un monument précieux de la raison de la France : ce sont les cahiers des députés des trois ordres aux états généraux, en 1789. Ces cahiers forment un recueil de soixante-six volumes in-folio, dont l'impression serait bien à désirer pour l'honneur de notre pays. Là se trouvent consignés, avec une connaissance profonde des choses, tous les besoins de la France; de sorte que, si l'on avait exactement suivi les instructions des cahiers, on aurait obtenu ce que nous avons acquis par la révolution, moins les crimes révolutionnaires.

Le clergé se distingue principalement par ses institutions : celles qui ont pour objet la législation criminelle, civile, administrative, sont des chefs-d'œuvre. Il provoque l'établissement des états provinciaux; il désire la réintégration des villes et des communes dans le droit de choisir librement leurs préposés municipaux; il sollicite la création des justices de paix, l'abolition des tribunaux d'exception, et l'amélioration du régime des prisons, « afin, dit-il, que ces prisons « ne soient plus un séjour d'horreur et d'infection. »

En grande politique, le clergé ne montre pas moins d'élévation et de génie : ce fut lui qui pressa la convocation des états généraux de 1789. Le clergé de Reims, l'archevêque à sa tête, demanda un code national contenant les lois fondamentales, le retour périodique des états généraux, le vote libre de l'impôt, la liberté de chaque citoyen, l'inviolabilité de la propriété, la responsabilité des ministres, la faculté, pour tous les citoyens, de parvenir aux emplois, la rédaction d'un nouveau code civil et militaire, l'uniformité des poids et mesures, et enfin une loi contre la traite des nègres. Les autres cahiers du clergé sont plus ou moins conformes à ces sentiments.

Dans la question de la liberté de la presse, la noblesse et le tiers état sont unanimes; ils réclament cette liberté avec des lois restrictives. Quant au clergé, il expose d'abord les dangers de la licence des écrits;

puis, venant à la question de fait, sur cent soixante-quinze sénéchaussées, duchés, bailliages, villes, provinces, vicomtés, principautés, prévôtés, diocèses et évêchés, formant deux cent quarante-quatre réunions ecclésiastiques, cent trente-quatre se déclarent pour la liberté entière de la presse, une centaine signale les abus qu'on peut faire de cette liberté sans indiquer de moyens précis de répression, et quelques-unes demandent la censure. Il est utile d'entendre le clergé s'exprimer lui-même sur cette matière.

Le clergé du bailliage de Villiers-la-Montagne dit : « Que la liberté indéfinie de la presse soit autorisée, « à la charge par l'imprimeur d'apposer son nom à « tous les ouvrages qu'il imprimera. »

Le clergé du bailliage principal de Dijon dit : « Le « droit de tout citoyen est de conserver le libre exer- « cice de sa pensée, de sorte que tout écrit puisse être « librement publié par la voie de l'impression, en « exceptant néanmoins tout ce qui pourrait troubler « l'ordre public dans tous ses rapports, et en obser- « vant les formalités qui seront jugées nécessaires « pour assurer la punition d'un délit en pareil cas. »

Le clergé de la province d'Angoumois dit : « L'ordre « du clergé ne s'oppose pas à la liberté de la presse, « pourvu qu'elle soit modifiée, que les écrits ne « soient point anonymes, et qu'on interdise l'impres- « sion des livres obscènes, et contraires au dogme de « la foi et aux principes du gouvernement. »

Le clergé du bailliage d'Autun dit : « La liberté « d'écrire ne peut différer de celle de parler ; elle aura « donc les mêmes étendues et les mêmes limites ; elle « sera donc assurée, hors les cas où la religion, les « mœurs et les droits d'autrui seraient blessés ; sur- « tout elle sera entière dans la discussion des affaires

« publiques ; car les affaires publiques sont les affaires
« de chacun. »

Le clergé de Paris *intra muros* demande aussi la liberté de la presse avec des lois répressives. La sénéchaussée de Rodez fait la même demande. Le clergé de Melun et de Moret prononce ces paroles mémorables : « La liberté morale et des facultés intellec-
« tuelles étant encore plus précieuse à l'homme que
« celle du corps et des facultés physiques, il sera libre
« de faire imprimer et publier tout ouvrage, sans
« avoir besoin préalablement de censure et de permis-
« sion quelconques ; mais les peines les plus sévères
« seront portées contre ceux qui écriraient contre la
« religion, les mœurs, la personne du roi, la paix pu-
« blique, et contre tout particulier. Le nom de l'auteur
« et de l'imprimeur se trouvera en tête du livre. »

Ceux qui s'opposent aujourd'hui avec le plus de vivacité au projet de loi du ministère parlent-ils de la liberté dans des termes plus forts, plus explicites que ceux du clergé en 1789 ? Cependant, à l'époque où le clergé montrait tant d'indépendance et de générosité, n'avait-il pas été insulté, calomnié pendant cinquante ans, par les encyclopédistes ? N'avait-il pas été accablé des plaisanteries de Voltaire, au point qu'on n'osait plus paraître religieux de peur de paraître ridicule ? Qui, plus que les prêtres, avait le droit de s'élever alors contre la presse, de se plaindre de l'ingratitude de ces lettres dont ils avaient été les nourriciers et les protecteurs ? Hé bien ! que fait le clergé ? il se venge ; et comment ? en demandant la liberté de la presse, en opposant cette liberté à la licence ! Il ne craint rien pour les vérités religieuses, parce qu'elles sont impérissables ; il ne craint point une lutte publique entre la religion et l'impiété. Quant aux membres du sacerdoce, il semble leur dire : « Défendez-vous par votre vertu ; les imputations de vos ennemis se détruiront d'elles-mêmes, si elles sont fausses; si elles sont véritables, il n'est pas bon que tout un peuple soit privé de la plus précieuse de ses libertés, pour dissimuler vos fautes et pour cacher vos erreurs. »

Et l'on voudrait nous dire aujourd'hui que le clergé demande l'anéantissement de cette liberté, lorsque les écrits dont il avait tant à gémir en 1789 ont perdu leur vogue et leur puissance, lorsque l'impiété n'est plus de mode, lorsque tout le monde sent la nécessité d'une religion aussi tolérante dans sa morale qu'elle est sublime dans ses dogmes, lorsqu'un siècle sérieux a succédé à un siècle frivole! Le clergé actuel, sous la sauvegarde des persécutions qu'il a éprouvées, se croirait-il plus vulnérable aux coups de la liberté de la presse que dans les temps où il demandait cette liberté, que dans les temps où sa prospérité et ses richesses le rendaient un objet de convoitise et d'envie? Rajeunie par l'adversité, l'Église a retrouvé sa force en touchant le sein de sa mère. Les livres ont pu quelque chose contre des dignitaires ecclésiastiques possesseurs d'immenses revenus; ils ne peuvent rien contre des vicaires à 250 fr. de salaire, contre des hommes nus qui, pour toute réponse aux insultes, peuvent montrer les cicatrices de leur martyre.

Le christianisme, Messieurs, est au-dessus de la calomnie; il ne cherche point l'obscurité; il n'a pas besoin de pactiser avec l'ignorance. Craindre pour lui la liberté de la presse, c'est lui faire injure, c'est n'avoir aucune idée juste de sa grandeur, c'est méconnaître sa divine puissance. Il a civilisé la terre, il a détruit l'esclavage ; il ne prétend point faire rétrograder aujourd'hui la société; il ne tombe point dans une contradiction si déplorable. Notre religion a été fondée et défendue par le libre exercice de la pensée et de la parole. Quand les apôtres envoyaient aux gentils leurs épîtres, n'usaient-ils pas de la liberté d'écrire contre le culte romain, et en violant même la loi romaine? Paul ne fut-il pas traduit au tribunal de Félix et de Festus pour rendre compte de ses discours? Festus ne s'écria-t-il pas : « Vous êtes un insensé, Paul! « votre grand savoir vous met hors de sens. »

Dans les fastes de la société chrétienne, c'est là le premier jugement rendu contre la liberté de la pensée: Paul était insensé parce qu'il annonçait à Athènes le Dieu inconnu, parce qu'il prêchait contre ces hommes *qui retiennent la vérité de Dieu dans l'injustice*. Les Actes des martyrs ne sont que le recueil des procès intentés au ciel par la terre, le catalogue des condamnations prononcées contre la liberté de la pensée et de la conscience.

Plus tard le christianisme brilla au sein des académies de l'antiquité : ce fut par ses ouvrages qu'il vainquit les sophismes dans les écoles d'Alexandrie, d'Antioche et d'Athènes. L'Église a dû ses victoires autant à la plume de ses docteurs qu'à la palme de ses martyrs. La religion, obéissant à l'ordre du maître, *Docete omnes gentes;* la religion, qui a fondé presque tous les colléges, les universités et les bibliothèques de l'Europe, repousse naturellement des lois qui renverseraient son ouvrage. Rome chrétienne, qui recueillit les savants fugitifs, qui acheta au poids de l'or les manuscrits des anciens, ne demande pas la proscription de la pensée.

Le christianisme est la raison universelle : il s'est accru avec les lumières; il continuera à verser aux générations futures des vérités intarissables. De tout ce qui a existé dans l'ancienne société, lui seul n'a point péri; il n'a aucun intérêt à ressusciter ce qui n'est plus : sa vie est l'espérance; ses mœurs ne sont ni d'un siècle ni d'un autre, elles sont de tous les siècles. Il parle toutes les langues; il est simple avec les peuples sauvages; il est savant et éclairé avec les peuples policés; il a converti le pâtre armé de la Scythie, et couronné le Tasse au Capitole. Il marche en portant deux livres : l'un, qui nous raconte notre origine immortelle; l'autre, qui nous révèle nos fins également immortelles. Il sait tout, il comprend tout; il se soumet à toutes les autorités établies. Il n'appartient de préférence à aucune politique, parce qu'il est pour toutes les sociétés : républicain en Amérique, monarchiste en France, ne ranime-t-il pas aujourd'hui même la poussière de Sparte et d'Athènes? Il a soufflé sur des ossements arides : d'illustres morts se sont levés. Ce serait au nom de la religion que l'on prétendrait opprimer la France au moment où cette religion brise avec sa croix les chaînes des églises de saint Paul, au moment où ses mains divines déterrent dans les champs de Marathon la statue de la Liberté, pour transformer en patronne chrétienne l'ancienne idole de la Grèce!

J'aurai le courage de le dire au clergé, parce qu'en combattant pour lui j'ai acquis des droits à lui parler avec sincérité. Avec la Charte, les ministres de l'autel peuvent tout; sans la Charte, ils ne peuvent rien. Défenseurs des libertés publiques, ils sont les plus forts des hommes, car ils réunissent la double autorité de la terre et du ciel; ennemis des libertés publiques, ils sont les plus faibles des hommes : s'il était jamais possible que les temples se refermassent, ils ne se rouvriraient plus.

Je viens enfin, Messieurs, à la dernière partie de ce discours.

La quatrième vérité que je me propose de prouver est celle-ci : La loi n'est point de ce siècle ; elle n'est point applicable à l'état actuel de la société.

Les sociétés, Messieurs, sont soumises à une marche graduelle : cette vérité de fait peut irriter, mais elle n'en est pas moins incontestable.

Les peuples, par les progrès de la civilisation, ont maintenant un lien commun, et influent les uns sur les autres.

Il y a deux mouvements dans les sociétés : le mouvement particulier d'une société particulière, et le mouvement général des sociétés générales, lequel mouvement commun entraîne chaque société séparée. Ainsi le monde moral reproduit une des lois du monde physique : l'homme ne se peut plaindre de retrouver quelque chose de ses destinées dans ce bel ordre de l'univers arrangé par la main de Dieu !

Il faut beaucoup de siècles pour mûrir les choses, pour amener un changement essentiel dans les sociétés. Quatre ou cinq grandes révolutions intellectuelles composent jusqu'à présent l'histoire tout entière du genre humain. Nous étions destinés, Messieurs, à assister à l'une de ces révolutions. Cette chambre renferme plusieurs hommes de mon âge : nous sommes nés précisément à l'époque où le travail lent et graduel des siècles s'est manifesté. Les premiers troubles de l'Amérique septentrionale éclatèrent en 1765 ; de 1765 à 1827 il y a soixante-deux ans. J'ai vu Washington et Louis XVIII : la république représentative est restée à l'Amérique avec le nom de Washington, la monarchie représentative à l'Europe continentale, avec le nom de Louis XVIII. Entre Washington et Louis XVIII se viennent placer Robespierre et Buonaparte, les deux termes exorbitants, dans l'anarchie et le despotisme, d'une révolution dont le terme juste devait fixer la société; car les sérieuses discordes chez un peuple prennent leur source dans une vérité quelconque qui survit à ces discordes : souvent cette vérité est enveloppée à son apparition dans des paroles sauvages et des actions atroces, mais le fait politique ou moral qui reste d'une révolution est toute cette révolution.

Quel est ce fait dévolu aux deux mondes après cinquante ans de guerres civiles et étrangères? Ce fait est la liberté, républicaine pour l'Amérique, monarchique pour l'Europe continentale. On sait aujourd'hui que la liberté peut exister dans toutes les formes de gouvernement. La liberté ne vient point du peuple, ne vient point du roi; elle ne sort point du droit politique, mais du droit de nature, ou plutôt du droit divin : elle émane de Dieu qui livra l'homme à son franc arbitre; de Dieu qui ne mit point de condition à la parole lorsqu'il donna la parole à l'homme, laissant aux lois le pouvoir de punir cette parole quand elle faillit, mais non le droit de l'étouffer.

A peine un demi-siècle a suffi pour établir dans le nouveau et dans l'ancien monde ce principe de liberté. Le passé a lutté contre l'avenir; les intérêts divers, en se combattant, ont multiplié les ruines; le passé a succombé. Il n'est plus au pouvoir de personne de relever ce qui gît maintenant dans la poudre. Si la liberté avait pu périr en France, elle eût été ensevelie dans l'anarchie démocratique ou dans le despotisme militaire. Mais le temps ne se laisse enchaîner ni aux échafauds des révolutionnaires, ni aux chars des triomphateurs; il brise les uns et les autres; il ne s'assied point aux spectacles du crime; il ne s'arrête pas davantage pour admirer la gloire; il s'en sert, et passe outre.

Pourquoi la république française ne s'est-elle pas constituée? C'est qu'elle a trahi le principe de la révolution générale, la liberté. Pourquoi l'empire a-t-il été détruit? C'est qu'il n'a pas voulu lui-même cette liberté. Pourquoi la monarchie légitime s'est-elle rétablie? C'est qu'elle s'est portée, avec tous ses autres droits, pour héritière de cette liberté.

Dans les révolutions dont le principe doit subsister, il naît presque toujours un individu de la capacité et du génie nécessaires à l'accomplissement de ces révolutions, un personnage qui représente les choses, et qui est l'exécuteur de l'arrêt des siècles. Il se montre d'abord invincible, comme les idées nouvelles dont il est le champion; mais l'ambition lui est menée par la victoire. Il réussit à s'emparer du pouvoir, et tout à coup il est étonné de ne plus retrouver sa force : c'est qu'il s'est séparé de son principe. Ce géant qui ébranlait le monde succombe, au fond de son palais, dans des frayeurs pusillanimes; ou bien, captif de ceux qu'il avait vaincus, il expire sur un rocher au bout du monde. Telles furent les destinées de Cromwell et de Buonaparte, pour avoir renié la liberté dont ils étaient sortis. Louis XVIII, après vingt ans d'exil, est rentré dans la demeure de ses pères : objet de la vénération publique, il est mort en paix, plein de gloire et de jours, pour avoir recueilli cette liberté à laquelle il ne devait rien, mais qu'il vous a laissée généreusement, comme la fille adoptive de sa sagesse, et la réparatrice de vos malheurs.

Le principe pour lequel depuis soixante ans les hommes ont été agités dans les deux mondes s'étant enfin fixé, il en est résulté que la société s'est coordonnée à ce principe : il a pénétré dans toutes nos institutions. Les lois, les mœurs, les usages ont graduellement changé : on n'a plus considéré les objets de la même manière, parce que le point de vue n'était plus le même. Des préjugés se sont évanouis, des besoins jusqu'alors inconnus se sont fait sentir, des idées d'une autre espèce se sont développées : il s'est établi d'autres rapports entre les membres de la famille privée et les membres de la famille générale. Les gouvernants et les gouvernés ont passé un autre contrat; il a fallu créer un nouveau langage pour plusieurs parties de l'économie sociale. Nos enfants n'ont plus nos sentiments, nos goûts, nos habitudes : leurs pensées prennent ailleurs leurs racines.

Toutefois, Messieurs, les générations contemporaines ne meurent pas exactement le même jour : au milieu de la race nouvelle, il reste des hommes du siècle écoulé qui crient que tout est perdu, parce que la société à laquelle ils appartenaient a fini autour d'eux, sans qu'ils s'en soient aperçus. Ils s'obstinent à ne pas croire à cette disparition; toujours jugeant le présent par le passé, ils appliquent à ce présent des maximes d'un autre âge, se persuadant toujours qu'on peut faire renaître ce qui n'est plus.

A ces hommes qui surnagent sur l'abîme du temps, viennent se réunir (avec les adversaires de la liberté de la presse dont je vous ai déjà parlé) quelques individus de diverses sortes : des ambitieux qui s'imaginent découvrir dans les institutions tombées en vétusté un pouvoir nouveau près d'éclore; des jeunes gens simples ou zélés qui croient défendre, en rétrogradant, l'antique religion et les vénérables traditions de leurs pères; des personnes encore effrayées des souvenirs de la révolution; enfin des ennemis secrets du pouvoir existant, qui, témoins joyeux des fautes commises, abondent dans le sens de ces fautes pour amener une catastrophe.

Quelquefois des chefs se présentent pour conduire ces demeurants d'un autre âge : ce sont des hommes de talent, mais qui aiment à sortir de la foule; ils se mettent à prêcher le passé à la tête d'un petit troupeau de survivanciers; le paradoxe les amuse. Ces esprits distingués qui arrivent trop tard, et après le siècle où ils auraient dû paraître, n'entraînent point les générations nouvelles; ils ne pourraient être compris que des morts; or, ce public est silencieux, et l'on applaudit point dans la tombe.

Si un gouvernement a le malheur de prêter l'oreille à ces solitaires, s'il a le plus grand malheur de les regarder comme la nation, de prendre pour la voix d'un public vivant la voix d'une société expirante, il tombera dans les plus étranges erreurs. C'est, Messieurs, ce qui est arrivé à l'égard du projet de loi que j'examine; il est dicté par un esprit qui n'est point l'esprit du siècle. Ces hommes d'autrefois, qui, toujours les yeux attachés sur le passé et le dos tourné à l'avenir, marchent à reculons vers cet avenir, ces hommes voient tout dans une illusion complète. Écoutez-les parler des anciens livres : ils y aperçoivent toujours les dangers qu'on y pouvait trouver il y a quarante ans.

Et qu'importent cependant les plaisanteries de Voltaire contre les couvents de religieux, dans un pays qui n'admet plus de communautés d'hommes? Elles ne rendront aujourd'hui personne impie, parce que le siècle n'en est plus à l'impiété. Qu'importe la politique libérale de Rousseau dans une monarchie constitutionnelle? Voulez-vous mieux vous convaincre, Messieurs, à quel point tout est changé? Les principes mêmes que je développe à cette tribune auraient été des blasphèmes, légalement sinon justement punis, dans l'ancienne monarchie : si un auteur se fût avisé de publier la Charte comme un rêve de son cerveau, il eût été décrété de prise de corps, et son procès lui aurait été fait et parfait. Apprenons donc à connaître le temps où nous vivons ; ne jugeons pas du péril des livres d'après les anciennes idées et les vieilles institutions ; ne réglons pas la liberté de la presse par des maximes qui ne sont plus applicables ; si vous ressuscitiez aujourd'hui le code romain tout entier et les lois féodales, n'est-il pas évident que vous ne sauriez que faire des dispositions relatives aux empereurs ou aux esclaves, ou des droits de champart, de capsoos et d'ostises ?

Une autre manie de ces hommes qui ont inspiré le projet de loi est de parler d'un coup d'État. A les entendre, il suffit de monter à cheval et d'enfoncer son chapeau : ils oublient encore que le coup d'État n'est point de l'ordre actuel, et qu'il n'appartient qu'à la monarchie absolue. A dater du règne de Louis XIV, où l'ancienne constitution du royaume acheva de périr, la couronne, en exerçant le pouvoir dictatorial, ne faisait, avant l'année 1789, qu'user de la plénitude de sa puissance. Il n'y avait pas révolution dans l'État par le coup d'État, parce qu'en fait le roi était chef de l'armée, législateur suprême, juge et exécuteur de ses propres arrêts ; il réunissait aux pouvoirs militaire et politique les attributions de la justice civile et criminelle.

Tout subsistait donc dans l'État après le coup d'État, parce que le roi était là, et que tout était dans le roi ; mais dans la monarchie constitutionnelle, la liberté de la presse et la liberté individuelle entrent dans la composition de la loi politique qui garantit ces libertés.

Les juges inamovibles ne peuvent être destitués; les chambres, partie intégrante du pouvoir législatif, ne peuvent être abolies. Le coup d'État, dans une monarchie constitutionnelle, serait une révolution; car, après ce coup d'État, qui porterait sur les individus, les tribunaux et les chambres, il ne resterait plus que la couronne, laquelle ne représenterait plus, comme dans la monarchie de Louis XIV, tout ce qui aurait péri.

Entendrait-on par un coup d'État un mouvement renfermé dans les limites constitutionnelles, la dissolution de la chambre des députés, l'accroissement de la chambre des pairs? Ce ne serait pas un coup d'État; ce serait une mesure qui ne produirait rien dans le sens du pouvoir absolu.

Il est pourtant vrai, Messieurs, que la tyrannie a un moyen d'intervenir dans la monarchie représentative; voici comment : les trois pouvoirs pourraient s'entendre pour détruire les libertés; un ministère conspirateur contre ces libertés, deux chambres vénales et corrompues, votant tout ce que voudrait ce ministère, plongeraient indubitablement la nation dans l'esclavage. On serait écrasé sous le triple joug du despotisme monarchique, aristocratique et démocratique. Alors le gouvernement représentatif deviendrait la plus formidable machine de servitude qui fût jamais inventée par les hommes. Heureusement, par la nature même de la coalition des trois pouvoirs, cette coalition serait de courte durée : quelle explosion extérieure, quelle réaction, même dans les chambres, au moment du réveil!

Voilà pourtant, Messieurs, les méprises où tombent ceux dont l'esprit a inspiré le présent projet de loi : ils rêvent la monarchie absolue sans ses illusions, le despotisme militaire sans sa gloire, la monarchie représentative sans ses libertés. Espérons que, pour la sûreté du royaume, le pouvoir ne sera jamais remis entre de pareilles mains. Si ces insensés essayaient seulement de lever l'impôt dans un de leurs trois systèmes, le premier Hampden qui se croirait le droit de refuser cet impôt mettrait le feu aux quatre coins de la France.

En vain on s'irrite contre les développements de l'intelligence humaine. Les idées, qui étaient autrefois un mouvement de l'esprit hors de la sphère populaire, sont devenues des intérêts sociaux ; elles s'appliquent à l'économie entière des gouvernements. Tel est le motif de la résistance que l'on trouve lorsqu'on veut aujourd'hui repousser les idées. Nous sommes arrivés à l'âge de la *raison politique :* cette raison éprouve le combat que la *raison morale* éprouva lorsque Jésus-Christ apporta celle-ci sur la terre avec la loi divine. Tout ce qui reste de la vieille société politique est en armes contre la raison politique, comme tout ce qui restait de la vieille société morale s'insurgea contre la raison morale de l'Évangile. Inutiles efforts ! les monarchies n'ont plus les conditions du despotisme, les hommes n'ont plus les conditions d'ignorance nécessaires pour le souffrir. Si les monarchies modernes ne voulaient pas s'arrêter dans la monarchie représentative, après de vains essais d'arbitraire elles tomberaient dans la république représentative. C'est donc nous pousser à l'abîme que de nous présenter une loi qui, en détruisant la liberté de la presse, brise le grand ressort de la monarchie représentative. Ce ne sont point là de vaines théories, ce sont des faits qui, pour être d'une haute nature, n'en sont pas moins des faits, par lesquels toute la matière est dominée. Vous y ferez, Messieurs, une attention sérieuse quand vous discuterez les articles du projet de loi.

Ce projet sur lequel il vous reste à conclure est donc,

selon moi, l'ouvrage de ces étrangers dans le nouveau siècle, de ces voyageurs qui n'ont rien regardé, de ces hommes qui font le monde selon leurs mœurs, et non selon la vérité. Ils ont l'horreur des lettres : craignent-ils d'être dénoncés par elles à la postérité? C'est une véritable terreur panique : pourquoi avoir peur d'un tribunal où ils ne comparaîtront pas?

Les ministres sont-ils eux-mêmes les hommes d'autrefois? Le projet de loi est-il l'ouvrage de leurs intérêts, de leurs préjugés, de leurs souvenirs, de leurs mœurs? N'ont-ils fait que céder à des influences étrangères? Ont-ils été trompés par le bruit que l'on a fait autour d'eux, bruit qu'ils auraient pris pour les réclamations de la France? N'ont-ils simplement cherché que la sûreté de leurs places? Tout ce que nous savons, c'est que le projet de loi est devant nous. Il était difficile de rendre palpable aux générations présentes ce songe du passé. En évoquant cette idée morte, il fallait l'envelopper de quelque chose de matériel, afin qu'elle pût nous apparaître : on l'a donc revêtue d'une loi ; on a pourvu ce corps des organes propres à exécuter tout le mal que l'esprit pensait. Il est résulté de cette création on ne sait quel fantôme : c'est l'ignorance personnifiée dans toute sa laideur, revenant au combat contre les lumières, pour faire rétrograder les sociétés, pour les refouler dans la nuit des temps et dans l'empire des ténèbres.

Mais cette ignorance, Messieurs, a compté trop tôt sur la victoire. Elle va vous rencontrer sur son chemin, et ce n'est pas chose facile pour elle que de subjuguer tant d'esprits éclairés.

Messieurs, c'est peut-être ici mon dernier combat pour des libertés que j'ai proclamées dans ma jeunesse comme dans les derniers jours de ma vie. J'ai soutenu vingt fois devant vous à cette tribune les mêmes doctrines. Le peu de temps que j'ai passé au pouvoir n'a point ébranlé ma croyance; on n'est point venu vous demander, pour favoriser les victoires de M. le dauphin pendant la dangereuse guerre d'Espagne, le sacrifice qu'on sollicite aujourd'hui pour amener des triomphes que j'ignore. Avant le ministère, pendant le ministère, et après le ministère, je suis resté dans mes doctrines : mon opinion tire du moins quelque force de sa constance.

Si l'indépendance m'avait jamais manqué pour exprimer ce qui me paraît utile, je trouverais aujourd'hui cette indépendance dans mon âge : je suis arrivé à cette époque de la vie où l'espérance ne manque pas à l'homme, mais où le temps manque à l'espérance. Aucun intérêt particulier ne me fait donc ni parler ni agir : que m'importent les ministres présents et futurs? Les hommes ne me peuvent plus rien, et je n'ai besoin de personne. Dans cette position, j'oserai dire, en finissant, quelques vérités que d'autres craindraient peut-être de faire entendre : c'est mon devoir comme citoyen, comme pair de France et comme sujet fidèle.

Messieurs, on ne peut se le dissimuler, le gouvernement représentatif est attaqué dans sa base : on cherche à enlever la publicité à ces débats; les aveux que l'on a faits, la haine qu'un certain parti a manifestée contre la Charte, tout annonce qu'une fois plongé dans le silence, on s'efforcerait de détruire ce que l'on déclare ne pas aimer. On ne réussirait pas, je le sais, mais on préparerait de grandes douleurs à la France.

Quel que soit le sort du projet de loi, ce projet, par sa seule apparition, a fait un mal qu'une longue administration dans le sens de la Charte pourrait seule maintenant effacer. Il a démontré qu'il existait des hommes ennemis décidés de nos institutions, des hommes déterminés à les briser aussitôt qu'ils en trouveraient l'occasion. Jusqu'ici on avait soupçonné ce fait, mais on n'en avait pas acquis la preuve. Aujourd'hui, tout est à découvert : le projet a tout révélé.

Non, Messieurs, on ne veut point de la Charte lorsqu'on prétend violer le principe même du gouvernement représentatif. Jetant tous les masques, déchirant tous les voiles, les partisans du projet de loi ont montré le fond de leur pensée ; ils n'ont fait aucun mystère de leur opinion. Cette certitude acquise de l'existence d'un parti qui a horreur de l'ouvrage de Louis XVIII, d'un parti qui, d'un moment à l'autre, peut se faire illusion au point d'entreprendre tout contre nos libertés ; cette certitude, dis-je, attriste profondément les hommes dévoués au monarque et à la monarchie.

Les désaveux ne rassureront personne. En vain on voudra faire passer pour le cri des intérêts privés le cri de réprobation qui s'est élevé contre le projet de loi d'un bout de la France à l'autre.

Ou il faut compter la Charte pour rien, le gouvernement représentatif comme une chose transitoire, les changements arrivés dans la société comme non avenus, ou il faut maintenir la liberté de la presse ; sans elle il n'y a plus rien qu'une moquerie politique. Combien de temps les choses pourraient-elles aller de la sorte ? Tout juste le temps que la corruption met à se dissoudre, et la violence à se briser.

La légitimité, ainsi que la religion, est toute-puissante ; elle peut, de même que la religion, tout braver dans la monarchie constitutionnelle ; mais avec ses conditions nécessaires, c'est-à-dire avec les autres légitimités, et au premier rang de celles-ci se trouve la liberté de la presse.

Sous la république, sous l'empire, aurait-on pu vendre publiquement dans les rues les bustes de Louis XVIII et celui de son héritier, comme on vend au milieu de nous, sans dommage pour la race royale, le portrait de Buonaparte et de son fils? Non sans doute : les deux usurpations auraient péri. Pour se mettre à l'abri, elles tuaient les distributeurs de tout ce qui rappelait le pouvoir légitime; elles égorgeaient ou déportaient les écrivains, et établissaient la censure.

Le fils de Cromwell passa tranquillement ses jours en Angleterre, sous le règne des deux fils de Charles Ier. Le jeune homme de Vienne viendrait aujourd'hui s'établir en France, qu'il ne serait qu'un triomphe de plus pour le trône légitime, qu'une preuve de plus de la force du droit dans la couronne, et de la magnanimité dans le souverain.

Mais il en serait tout autrement si vous violiez les conditions naturelles de la monarchie représentative. Détruisez la liberté de la presse, faites que des défenseurs indépendants ne puissent plaider la cause de la légitimité, qu'ils ne puissent surveiller, dénoncer par l'opinion publique les manœuvres des partis; alors les conseillers malhabiles de la légitimité se trouvent dans une condition de soupçon, de tyrannie, de faiblesse, pareille à celle des conseillers de l'usurpation. Un ministre qui croirait avoir besoin de silence, qui semblerait avoir des raisons de cacher la légitimité, reconnaîtrait la nature de cette puissance.

Une gloire immense, des malheurs presque aussi grands que cette gloire, le bien rendu pour le mal, voilà ce qu'offre l'histoire de notre famille royale : et cette triple légitimité pourrait être troublée par quelques misérables pamphlets qui n'atteindraient pas même les existences les plus obscures ?

Il y a une France admirable en prospérité et en gloire avec nos institutions. Il y a une France pleine de troubles, privée de nos institutions.

Pour arriver à la première, il suffit de suivre le mouvement naturel de l'esprit de la Charte, chose d'autant plus facile aujourd'hui que toutes les préventions personnelles ont disparu, que toutes les capacités, dans quelque opinion qu'elles aient été placées, se réunissent dans des principes communs.

Pour arriver à la seconde France, à la France troublée, il faut apporter chaque année des mesures en opposition aux mœurs, aux intérêts, aux libertés du pays. Après s'être rendu bien malheureux soi-même par des efforts si déraisonnables, on gâterait tout, et les imprudents promoteurs d'un système funeste achèveraient leurs jours dans de douloureux, mais d'inutiles regrets.

Il me semble, Messieurs, entendre votre réponse : « Le roi, me direz-vous, n'est-il pas là pour nous sauver, si jamais quelque danger menaçait la France ? La Charte périrait, que le souverain resterait encore. On retrouverait en lui non tous les pouvoirs, comme dans la monarchie absolue, mais quelque chose de mieux et de plus, toutes les libertés. »

Je le sais, un prince religieux n'a pas en vain juré de maintenir l'œuvre de son auguste frère ; il aurait bientôt puni quiconque oserait y porter la main. Mais s'il est facile à ce monarque, modèle de loyauté, de franchise et d'honneur, s'il lui est facile de calmer les orages, j'aime encore mieux qu'il vive en paix, heureux du bonheur qu'il donne à ses peuples, dans la région pure et sereine où sont placées ses royales vertus.

En donnant mon vote contre la loi en général, je ne renonce point au droit d'en combattre et d'en discuter les articles, puisqu'il faut en venir à cette lamentable discussion. Je vote à présent contre l'ensemble d'un projet de loi qui met la religion en péril, parce qu'il fait calomnier cette religion ; je vote contre un projet de loi destructeur des lumières, et attentatoire aux droits de l'intelligence humaine ; je vote contre un projet de loi qui proscrit la plus précieuse de nos libertés ; je vote contre un projet de loi qui, en attaquant l'ouvrage du vénérable auteur de la Charte, ébranle le trône des Bourbons. Si j'avais mille votes à donner contre ce projet impie, je les donnerais tous, croyant remplir le premier de mes devoirs envers la civilisation, la religion et la légitimité.

DE L'ABOLITION DE LA CENSURE.

Je comptais publier quelques autres écrits faisant suite à ma brochure contre la censure, brochure que cette même censure n'avait pas permis d'annoncer dans les journaux. Combien je me trouve heureux de voir les armes brisées dans ma main, de changer mes remontrances, importunes aux ministres, en cantiques de louanges pour le roi !

Nous devions tout attendre du principe de la vieille monarchie, de cet honneur assis sur le trône avec Charles X : notre espérance n'a point été vaine. La censure est abolie : l'honneur nous rend la liberté !

Puisse-t-il être récompensé du bonheur dont il nous fait jouir, notre excellent monarque ! Mettons aussi nos vœux aux pieds du dauphin, dont nous reconnaissons et la puissante influence et les sentiments généreux : c'est toujours le prince libérateur !

La Charte est ce qu'il nous fallait; la Charte est ce que nous pouvions avoir de meilleur au moment de la restauration. Une fois admise, il se faut bien persuader qu'elle est inexécutable avec la censure : il y a plus, la censure mêlée à la Charte produirait tôt ou tard une révolution. Voici pourquoi :

Le gouvernement représentatif sans la liberté de la presse est le pire de tous : mieux vaudrait le divan de Constantinople. Lâche moquerie de ce qu'il y a de plus sacré parmi les hommes, ce gouvernement n'est alors qu'un gouvernement traître qui vous appelle à la liberté pour vous perdre, et qui fait de cette liberté un moyen terrible d'oppression.

Supposez, ce qui n'est pas impossible, qu'un ministère parvienne à corrompre les chambres législatives; ces deux énormes machines broieront tout dans leur mouvement, attirant sous leurs roues et vos enfants et vos fortunes. Et ne pensez pas qu'il faille un ministère de génie pour s'emparer ainsi des chambres : il ne faut que le silence de la presse et la corruption que ce silence amène.

Dans l'ancienne monarchie absolue, les corps privilégiés et la haute magistrature arrêtaient et pouvaient renverser un ministère dangereux. Avez-vous ces ressources dans la monarchie représentative? Si la presse se tait, qui fera justice d'un ministère appuyé sur la majorité des deux chambres? Il opprimera également et le roi, et les tribunaux, et la nation : sous le régime de la censure, il y a deux manières de vous perdre; il peut, selon le penchant de son système, vous entraîner à la démocratie ou au despotisme.

Avec la liberté de la presse, ce péril n'existe pas :

cette liberté forme en dehors une opinion nationale qui remet bientôt les choses dans l'ordre. Si cette liberté avait existé sous nos premières assemblées, Louis XVI n'aurait pas péri ; mais alors les écrivains révolutionnaires parlaient seuls, et on envoyait à l'échafaud les écrivains royalistes. J'ai lu, il est vrai, dans une brochure en réponse à la mienne, que Sélim, Mustapha et Tippoo-Saëb étaient tombés victimes de la liberté de la presse ; à cela je ne sais que répondre.

La liberté de la presse est donc le seul contre-poids des inconvénients du gouvernement représentatif ; car ce gouvernement a ses imperfections comme tous les autres. Par la liberté de la presse, il faut entendre ici la liberté de la presse périodique, puisqu'il est prouvé que quand les journaux sont enchaînés, la presse est dépouillée de cette influence de tous les moments qui lui est nécessaire pour éclairer. Elle n'a jamais fait de mal à la probité et au talent ; elle n'est redoutable qu'aux médiocrités et aux mauvaises consciences : or, on ne voit pas trop pourquoi celles-ci exigeraient des ménagements, et quel droit exclusif elles auraient à la conduite de l'État.

Cette nécessité de la liberté de la presse est d'autant plus grande parmi nous, que nous commençons la carrière constitutionnelle, que nous n'avons point encore d'existences sociales très-décidées, qu'il y a encore beaucoup de chercheurs de fortune, et que les ministres arrivent encore un peu au hasard. Il faut donc surveiller de près, pour le salut de la couronne, les hommes inconnus qui pourraient surgir au pouvoir, par un mouvement non encore régularisé.

On dit que la censure est favorable aux écrivains, qu'elle les décharge de la responsabilité, qu'elle les met à l'abri d'une loi sévère. Est-ce de l'intérêt particulier des écrivains qu'il s'agit, relativement à la liberté de la presse dans l'ordre politique ? Cette liberté doit être considérée dans cet ordre par rapport aux intérêts généraux par rapport aux citoyens, par rapport à la société tout entière : c'est une liberté qui assure toutes les autres dans les gouvernements constitutionnels. Quand donc vous venez nous entretenir d'ouvrages et d'auteurs vous confondez la littérature et la politique, la critique et la censure, et vous ne comprenez pas un mot de la chose dont vous parlez.

D'autres, soulevés contre la manière brutale dont on exerçait la censure, n'en admettaient pas moins le principe ; ils auraient établi seulement une oppression douce et tempérée. On avait mis la liberté de la presse au carcan ; ils ne voulaient que l'étrangler avec un cordon de soie.

D'autres, cherchant des motifs à la censure, et n'en trouvant pas de raisonnables, prétendaient qu'ayant peut-être à examiner, à la session prochaine, les moyens propres à cicatriser les dernières plaies de l'État, la censure serait nécessaire pour empêcher la voix des passions étrangères de se mêler à la discussion de la tribune.

Et moi, je demanderai comment on pourrait agiter de telles questions sans la liberté de la presse : faut-il se cacher pour être juste ? Votre cause ne deviendrait-elle pas suspecte ? ne calomnierait-on pas vos intentions, si vous croyiez devoir traiter dans l'ombre, et comme à huis clos, des affaires qui sont de la France entière ? Ouvrez, au contraire, toutes les portes ; appelez le public, comme un grand jury, à la connaissance du procès ; vous verrez si nous rougirons de plaider la cause de la fidélité malheureuse, nous qui parlons franchement de liberté, sans que ce mot nous blesse la bouche. Et depuis quand la religion et la justice auraient-elles cessé d'être les deux bases de la véritable liberté? Soyons francs sur les principes de la Charte, et nous pourrons réclamer, sans qu'on nous suppose d'arrière-pensée, ce que l'ordre moral et religieux exige impérieusement d'une société qui veut vivre.

Ce dernier essai que l'on vient de faire a heureusement prouvé qu'il n'était plus possible d'établir la censure parmi nous ; nous avons fait de tels progrès dans les institutions constitutionnelles, que les censeurs même n'ont pas osé se nommer. D'un bout de la France à l'autre, toutes les opinions ont réclamé la liberté de la presse ; par la raison qu'on en avait joui paisiblement deux années, et qu'il était démontré, d'après l'expérience tentée pendant la guerre d'Espagne, que cette liberté, ne nuisant à rien, était propre à tout : c'était un droit acquis dont on ne sentait pas le prix tandis qu'on le possédait, mais dont on a connu la valeur aussitôt qu'on l'a perdu.

Désormais nos institutions sont à l'abri : nous allons marcher d'un pas ferme dans des routes battues. Dix années ont amené de grands changements dans les esprits : des préjugés se sont effacés, des haines se sont éteintes ; le temps a emporté des hommes, tandis que des générations nouvelles se sont formées sous nos nouvelles institutions. Chacun prend peu à peu sa place, et l'on détourne les yeux d'un passé affligeant, pour les porter sur un riant avenir.

L'abolition de la censure a dans ce moment surtout un avantage qu'il est essentiel de signaler. Nous pouvons louer nos princes sans entraves ; nous pouvons déclarer notre pensée, sans que l'on puisse dire que la manifestation de cette pensée n'est que l'expression des ordres de la police. Il faut que l'Europe sache que tout est vrai dans les sentiments de la France, que les opinions sont unanimes, que les oppositions même se rencontrent au pied du trône pour l'appuyer et le bénir. Louis XVIII étend ses bienfaits sur nous au delà de sa vie : il termina la révolution par la Charte; il reprit le pouvoir par la guerre d'Espagne; et sa mort, objet de si justes regrets, a pourtant consolidé la restauration, en mettant un règne entre les temps de l'usurpation et l'avénement de Charles X.

Depuis un mois cette restauration a avancé d'un siècle; la monarchie a fait un pas de géant. Quel triomphe complet de la légitimité, et de ce qu'il y a d'excellent dans ce système ! Un roi meurt, le premier roi légitime qui s'était assis sur le trône après une révolution de trente années. Ce roi gouverne avec sagesse; mais ceux qui ne comprenaient pas la force de la légitimité, mais les passions comprimées, mais les vanités déçues, mais les ambitions secrètes, mais les intérêts, les jalousies politiques, murmuraient tout bas : « Cet état de choses pourra durer pendant la vie « de Louis XVIII; mais vous verrez au changement de « règne ! »

Hé bien ! *nous avons vu !* nous avons vu un frère succéder à un frère, de même qu'un fils remplace un père dans le plus tranquille héritage. A peine s'aperçoit-on qu'on a changé de souverain. Un des plus grands événements dans les circonstances actuelles s'accomplit avec la plus grande simplicité. Comme dans une succession ordinaire, on lève les scellés : ce n'est rien; ce n'est que la couronne de la France qui passe d'une tête à une autre ! ce n'est que le sceptre de saint Louis que Charles X prend au foyer de Louis XVIII !

Entend-on parler de quelque réclamation ? Où sont

les prétendants de la république et de l'empire? Est-il dans le monde une puissance qui ait envie de contester le trône au nouveau roi? A-t-il fallu des hérauts d'armes, des bruits de tambours et de trompettes, des parades et des jongleries, un développement imposant de la force militaire, pour dérober à la foule ébahie ce que le droit d'un usurpateur a de douteux? Nullement. LE ROI EST MORT : VIVE LE ROI ! Voilà tout, et chacun vaque à ses affaires, l'esprit libre, le cœur content, sans craindre l'avenir, sans demander : « Qu'arrivera-t-il demain? » Le pouvoir protecteur, la puissance politique n'a point péri, la société est en sûreté, et la succession légitime de la famille royale garantit à chaque famille, en particulier, sa succession légitime.

Que sont devenues toutes ces allusions, pour le moins téméraires, au sort d'un prince étranger? Où trouver la moindre ressemblance dans les choses, les temps et les souverains? Ces mouvements d'humeur que l'on prenait pour des intuitions de la vérité, pour des enseignements historiques, s'évanouissent devant les faits et les vertus ; et jamais les vertus ne furent plus évidentes et les faits plus décisifs.

Si la royauté triomphe, le roi ne triomphe pas moins. Charles X s'est élevé au niveau de sa fortune ; il a montré qu'il connaissait les mœurs de son siècle, qu'il prenait la monarchie telle que le temps et les révolutions l'on faite. Il a dit aux magistrats de continuer à être justes et à prononcer avec impartialité ; il a dit aux pairs et aux députés qu'il maintiendrait comme roi la Charte qu'il avait jurée comme sujet, et il a tenu sa parole, et il nous a rendu la plus précieuse de nos libertés ; il a dit aux Français de la confession protestante que sa bienfaisance s'étendait également sur tous ses sujets; il a dit aux ministres du culte catholique qu'il protégerait de tout son pouvoir la religion de l'État, la religion, fondement de toute société humaine; il a recommandé cette même religion comme base de l'éducation publique. Toutes ces paroles, qui sont de véritables actes politiques, ont enchanté la nation. Charles X peut se vanter d'être aujourd'hui aussi puissant que Louis XIV, d'être obéi avec autant de zèle et de rapidité que le souverain le plus absolu de l'Europe.

Pour savoir où nous en sommes de la monarchie, il faut avoir vu le monarque se rendant à Notre-Dame; tout un grand peuple, malgré l'inclémence du temps, saluant avec transport ce *roi à cheval,* qui s'avançait lui-même au-devant de ses plus pauvres sujets pour prendre de leurs mains leurs pétitions avec cet air qui n'appartient qu'à lui seul; il faut l'avoir vu au Champ de Mars au milieu de la garde nationale, de la garde royale et de trois cent mille spectateurs : jour de puissance et de liberté qui montrait la couronne dans toute sa force, et qui rendait à l'opinion ses organes et son indépendance. Un roi est bien placé au milieu de ses soldats quand il départ à ses peuples tout ce qui contribue à la dignité de l'homme! l'épée est pour lui : elle pourrait tout détruire, et il ne s'en sert que pour conserver. Aussi l'enthousiasme n'était pas feint : ce n'étaient pas de ces cris qui expirent sur les lèvres du mendiant payé, chargé sous les tyrans d'exprimer la joie ou plutôt la tristesse publique; c'étaient des cris qui sortent du fond de la poitrine, de cet endroit où bat le cœur avec force, quand il est ému par l'amour et la reconnaissance.

Ceux qui ont connu d'autres temps se rappelaient une fête bien différente au Champ de Mars : la monarchie finissait alors; aujourd'hui elle recommence.

Est-ce bien là le même peuple? Oui, c'est le même; mais le peuple guéri, le peuple désabusé. Il avait cherché la liberté à travers des calamités inouïes, et il n'avait rencontré que la gloire : ses princes légitimes devaient seuls lui donner le bien, que des tribuns factieux et un despote militaire lui avaient dérisoirement promis.

Si les bénédictions du peuple, comme il n'en faut pas douter, attirent celles du ciel, elles ont descendu sur la tête du souverain et de la famille royale. Jamais la France n'a été plus heureuse, plus glorieuse et plus libre que dans ce jour mémorable. Mais, à la vue de cette famille en deuil au milieu de tant d'allégresse, la pensée se tournait avec attendrissement vers cet autre monarque qui n'est pas encore descendu dans la tombe ; l'aspect d'une multitude affranchie de tout esclavage, et protégée par de généreuses institutions, rappelait encore le souvenir de l'auguste auteur de la Charte. Quel pays que cette France! les villes apportent leurs clefs au lit funèbre de ses généraux, et les peuples rendent hommage de leur liberté au cercueil de ses rois!

DE L'EXCOMMUNICATION DES COMÉDIENS

FÉVRIER 1815.

Il y a quelque temps que l'on a beaucoup parlé de la scène scandaleuse qui s'est passée aux funérailles de mademoiselle Raucourt. Ce n'était qu'une répétition de celle qui eut lieu en 1802 à l'enterrement de mademoiselle Chamerois, avec cette différence qu'à la première époque on ne profana point l'église de Saint-

Roch, et que le curé remporta une espèce de victoire, bien qu'il souffrît dans la suite des mesures du despotisme. Maintenant que les passions sont tranquilles, mais que l'opinion publique n'est pas encore fixée sur le sujet qui les avait émues, il nous semble utile d'examiner, une fois pour toutes, la question de l'excommunication des comédiens. Nous la soumettrons au bon sens des lecteurs. Quoi qu'on en dise, il y a aujourd'hui beaucoup de raison en France : c'est un fruit de notre expérience et de nos malheurs. Les hommes des partis les plus opposés, las enfin de nos discordes, ne demandent qu'à se rallier à la vérité toutes les fois qu'on la leur montrera simplement, franchement, loyalement.

Deux choses doivent être considérées dans le sujet que nous prétendons examiner : 1° la cause de l'aversion de l'Église contre les spectacles ; 2° le degré d'autorité qu'un curé peut et doit exercer dans son église, lorsqu'il ne fait que suivre les canons, et obéir aux ordres de ses supérieurs.

Il faut remonter jusqu'aux premiers siècles du christianisme pour trouver la cause de la sévérité de l'Église et de la rigueur de ses règlements contre le théâtre. « Tout l'appareil de ces pompes, dit Tertullien, est « fondé sur l'idolâtrie. » De là, examinant l'origine des spectacles admis chez les Romains, il fait voir qu'ils tiraient presque tous leur nom de quelque divinité du paganisme : les jeux de Bacchus *Libériaux, Apollinaires, Céréaux, Neptunaux, Floraux, Olympiens.* Le cirque était consacré, ou plutôt, comme le dit ce premier Bossuet, était prostitué au Soleil. Les théâtres s'élevaient sous l'invocation de Bacchus et de Vénus. Aujourd'hui les dieux n'étant plus pour nous que les fictions ingénieuses d'Homère, nous ne pouvous nous faire une idée de l'horreur qu'ils inspiraient à l'Église, lorsqu'ils étaient adorés comme des êtres réels, protecteurs des passions et des crimes, comme de véritables démons persécuteurs des chrétiens.

La prostitution et le meurtre souillaient encore ces spectacles que l'idolâtrie rendait déjà abominables aux yeux des fidèles. Des femmes publiques paraissaient sur le théâtre aux fêtes de Flore; et ces malheureuses, dit encore Tertullien, étaient, du moins une fois l'an, condamnées à rougir. À l'amphithéâtre, que voyait-on? Les combats des gladiateurs, ou les souffrances des martyrs! « Chrétiens, s'écrie l'auteur de l'*Apologé-* « *tique*, demandez-vous des luttes, des combats, des « victoires? le christianisme vous en offre de toutes « parts. Voyez l'impureté vaincue par la chasteté, la « perfidie par la foi, la cruauté par la miséricorde, « l'impudence par la modestie : c'est dans ces jeux « qu'il faut mériter des couronnes. Voulez-vous du « sang répandu? vous avez celui de Jésus-Christ. »

Si les spectacles furent si justement proscrits par les premiers chrétiens, il était tout simple que l'acteur demeurât frappé de l'anathème dont la pièce était atteinte. En cela même, les fidèles ne s'écartèrent point de l'usage des païens. A Rome, les comédiens, les bouffons, les cavaliers du cirque, les gladiateurs, étaient exclus de la cour, du barreau, du sénat, de l'ordre des chevaliers, et de toutes les charges publiques; ils perdaient le droit de citoyen. Une loi des empereurs Valentinien, Valence et Gratien, *permet* aux évêques de conférer le baptême à un comédien en danger de mort; elle ordonne de plus que si ce comédien baptisé revient à la vie, il ne sera point forcé de suivre son ancienne profession. Une autre loi contraint les comédiennes à demeurer au théâtre, à moins qu'elles n'aient embrassé le christianisme. Mais la même loi, renouvelée quelque temps après, ajoute que si ces femmes devenues chrétiennes, et dispensées par cette raison de jouer devant le public, continuent de vivre dans le désordre, on les obligera de reparaître sur la scène. Quelle condamnation du théâtre et quel éloge de la religion ! La profession d'acteur était donc si peu estimée des Romains qu'elle devenait comme le partage exclusif de quelques familles, dotées par la loi de ce brillant mais malheureux héritage.

Des préjugés si cruels chez le peuple, des lois si dures, émanées du sénat et des empereurs romains, nous montrent assez que cette prévention contre le théâtre ne doit point être attribuée uniquement à ce qu'on affecte d'appeler la *barbarie* du christianisme : elle prend naturellement sa source dans la morale et dans la gravité des lois. L'opinion de l'Église sur les spectacles n'est pas plus sévère que celle de Tacite et de Sénèque. Ovide (et son autorité n'est pas suspecte) exhorte Auguste à supprimer les théâtres, comme une école de corruption :

> . . . . . . Ludi quoque semina præbent
> Nequitiæ : tolli theatra jube.

Dans la patrie même de Sophocle, dans ces heureux climats où les Muses firent éclater leurs prodiges, les femmes ne paraissaient point sur la scène, et n'assistaient point aux jeux du théâtre.

L'Église ne fit donc que suivre le penchant des lois, lorsque, dans les premiers siècles, déterminée par les raisons que nous avons déjà déduites, elle lança ses foudres contre les spectacles. Ceux-ci s'abolirent par degré dans le monde romain, à mesure qu'il se convertit au christianisme et qu'il passa sous la domination des barbares. Tandis que le bruit de ces jeux trop célèbres se perdait dans le bruit de la chute des empires, il est curieux de voir ces mêmes jeux renaître obscurément parmi ces Francs, ces Huns, ces Vandales, qui venaient de les détruire : tant le cœur humain est toujours le même, tant l'homme a besoin de ces plaisirs qui le consolent un moment! Clovis, dans les dernières années de sa vie, rassasié de victoires et de conquêtes, entretenait auprès de lui un mime que lui avait envoyé Théodoric : c'est à ce mime du premier roi des Français qu'il faut aller, à travers les siècles, rattacher la nouvelle pompe de nos spectacles. Tout le monde connaît l'histoire et l'origine de notre théâtre : tout le monde sait que *les mystères* joués par les *confrères de la Passion* furent les avant-coureurs de *Cinna* et d'*Athalie*.

Mais pourquoi l'Église aurait-elle montré plus d'indulgence pour ces nouveaux spectacles? La religion y était profanée; les mœurs, outragées; la satire, poussée jusqu'à la calomnie. Enfin, quand notre scène s'épura, l'Église, toujours scrupuleuse lorsqu'il s'agit de la conservation des mœurs, ne vit pas de raisons suffisantes pour renoncer à ses souvenirs, pour abandonner ses traditions et ses lois. Bossuet, Bourdaloue, Fléchier, continuèrent à condamner le théâtre avec toute l'autorité de leur éloquence et de leur génie. L'auteur des *Oraisons funèbres* ne dédaigna pas de prendre la plume pour refuter une Apologie des spectacles, attribuée à un religieux, et imprimée en 1694, à la tête d'une édition des comédies de Boursault. La lettre de Bossuet et ses *Dissertations* sur la comédie sont des chefs-d'œuvre où Rousseau a puisé une partie des arguments qu'il emploie dans sa fameuse *Lettre à d'Alembert*. Pourrait-on faire un crime à l'Église d'avoir pensé sur la comédie comme le philosophe J.-J. Rousseau?

Tout ceci prouve-t-il qu'il faut abolir les spectacles et ne pas enterrer les comédiens? Non. Mais cela prouve que si ceux qui blâment la rigueur de l'Église, sans avoir examiné la question, avaient bien voulu consulter l'histoire, ils se seraient moins hâtés de condamner à la fois l'antiquité païenne et l'antiquité chrétienne. Aujourd'hui que nos mœurs sont changées, l'Église doit-elle se relâcher de quelque chose sur la discipline des spectacles? On doit tout confier à sa sagesse. « Rome, dit Voltaire, a toujours su tem« pérer ses lois selon les temps et selon les besoins. » Elle ne fut jamais ennemie des beaux-arts, quand ils se renfermèrent dans des bornes légitimes. Le cardinal de Richelieu, en établissant son théâtre, fit enregistrer au parlement une déclaration du roi, par laquelle il renouvelle les peines prononcées contre les comédiens qui useront *d'aucunes paroles lascives ou à double entente, qui pourraient blesser l'honnêteté publique : mais au cas qu'ils soient modestes, ils ne seront pas notés d'infamie.* Maintenant que notre théâtre est devenu plus chaste, que les acteurs ont suivi le progrès général de la société, que plusieurs d'entre eux joignent à des talents distingués des qualités morales dont s'honoreraient tous les hommes, ne doit-on pas les placer au rang de ces artistes estimables et estimés qui nous font jouir des chefs-d'œuvre du génie? Nos préjugés contre le théâtre se sont affaiblis, parce que tous nos liens religieux se sont relâchés. Si l'on pouvait tout à coup nous rendre chrétiens zélés et fervents, il serait très-bon sans doute de maintenir la rigueur des canons : mais qui sait si l'Église ne jugera pas à propos de mettre un accord plus général entre sa discipline et l'état actuel de nos mœurs? Cette discipline est-elle uniforme sur ce qui regarde le théâtre? Dans une partie de l'Italie et de l'Allemagne, les comédiens ne sont pas excommuniés : le saint-siége et les conciles généraux ne se sont jamais expliqués sur ce sujet d'une manière très-positive. Clément XIII avait fait fermer le théâtre *Albertini* à Rome : Clément XIV crut devoir en tolérer le rétablissement. Innocent XI défendit seulement aux femmes de paraître sur la scène. En 1796, les comédiens français ayant fait présenter une requête à Innocent XII, pour être relevés des censures ecclésiastiques, ce pape, sans les condamner absolument, se contenta de les renvoyer à l'archevêque de Paris, pour être traités comme de droit : *Ut provideat eis de jure*. La modération est le caractère distinctif de l'Église gallicane. « En ce qui regarde ce que l'Église défend, dit Bossuet, les évêques ont souvent jugé selon toute la rigueur des canons : quelquefois aussi ils ont toléré beaucoup de choses selon la nécessité des temps; et quand ils n'ont point vu de danger pour la foi ou pour les mœurs, ils ont consenti à quelque adoucissement, non toutefois par un relâchement de discipline aveugle ou inconsidéré, mais pour céder à une nécessité de telle nature qu'elle aurait pu même faire changer les lois; c'est par cette raison que les saints Pères, et même le saint-siége, ont tant de fois loué cet adoucissement des canons.... Selon les expressions d'Yves de Chartres, « pourvu qu'on ne touche pas au fondement de la foi « et à la règle générale des mœurs, on peut user de « quelque tempérament, quand il semblerait approcher « de la faiblesse.... » Accusera-t-on pour cela l'Église de légèreté? Dira-t-on, pour user des termes de saint

Paul, qu'il y a en elle le *oui* et le *non*? A Dieu ne plaise! mais, assurée qu'elle est de son éternité, et immuablement attachée à la vérité même, elle s'accommode en quelque façon, par ce qu'elle a d'extérieur, aux choses humaines, moins pour céder à la nécessité des temps que pour servir au salut des âmes. »

Ne pourrait-on pas espérer de la sagesse du clergé qu'il prendra en considération le changement des mœurs et des temps? Mais cette part une fois faite à l'esprit du siècle, avons-nous le droit de devancer la décision de l'Église, et de nous porter à des violences pour nous faire à nous-mêmes ce qu'il nous plaît d'appeler *justice*? Non, sans doute. Ceci nous ramène à la seconde partie de la question.

Un curé ne fait que suivre la loi qui lui est imposée, lorsqu'il refuse de recevoir le corps d'un homme notoirement frappé des censures ecclésiastiques. Quand, par sa charité naturelle, il serait disposé à en agir autrement, il ne le pourrait pas sans transgresser les canons, auxquels, comme prêtre et comme curé, il est nécessairement assujetti. Si un soldat a reçu une consigne, peut-il violer ou laisser violer cette consigne, sous prétexte qu'elle a des inconvénients? Est-il le juge et l'interprète des ordres de ses supérieurs? Que deviendrait toute la discipline, si chaque soldat, au lieu d'obéir, se mettait à examiner les raisons de la conduite de son général, à blâmer ses motifs, ses plans, ses desseins? Nous nous servons de cette comparaison chez une nation toute militaire, qui en sentira la justesse. Un curé est seul maître dans son église, comme un officier au poste qu'on lui a confié; nul n'a le droit de venir lui imposer des lois qu'il ne peut pas reconnaître. Eh! combien est-on plus coupable encore si on mêle à la violence qu'on lui fait le scandale public, l'insulte au culte de la patrie, et la profanation des autels!

Mais les comédiens, dit-on, jouissent de tous les droits de citoyens : ils peuvent parvenir à toutes les places, ils sont enrôlés dans la garde nationale, etc. C'est précisément ce qui rendrait leur cause moins favorable, si leurs amis, par une ignorance fâcheuse ou par un zèle inconsidéré, continuaient à se porter pour eux à des excès qui n'ont point d'excuse. Il ne s'agit plus pour les acteurs de réclamer les lois générales de l'État, de constater leur existence civile : ils en sont en pleine possession. De quoi s'agit-il donc? De droits purement religieux. Or, une religion a ses rites, ses usages, dont elle ne peut se départir. On ne force personne à suivre cette religion : on est chrétien, ou on ne l'est pas ; voilà tout : cela ne change rien à la condition civile d'un homme. Mais si l'on se prétend, par exemple, catholique, apostolique et romain, n'est-ce pas le curé qui est juge naturel de cette prétention? N'est-ce pas lui qui sait, d'après les règles de son culte, si la personne qui se présente a conservé ou perdu la qualité d'enfant de l'Église?

Ajoutez que le droit de citoyen étant rendu aux acteurs, le curé ne peut plus être taxé d'inhumanité quand il refuse son ministère à leurs funérailles : car ce refus n'emporte plus la privation de la sépulture commune. Le curé ne fait que rentrer dans ses droits naturels : c'est une coutume de toutes les religions de la terre de n'accorder leurs honneurs funèbres qu'à leurs disciples. Le corps d'un chrétien mort à Constantinople serait-il reçu dans une mosquée? Un ministre protestant, à Philadelphie, ne renverrait-il pas le corps d'un catholique à son curé, celui d'un presbytérien à son église, celui d'un quaker à ses frères, celui d'un juif à sa synagogue? Vous voulez qu'un curé enterre un homme qui n'avait pas vécu dans la communion catholique : mais si le curé prétendait s'emparer à son tour du corps d'un citoyen qui n'aurait pas voulu mourir sous la loi chrétienne, ne crieriez-vous pas au fanatisme, à l'intolérance? N'avons-nous pas vu des prêtres repoussés du lit d'un mourant avec mépris, et des moribonds préférer aux paroles consolantes de l'homme de Dieu les stériles pompes d'un nouveau paganisme? Accordez donc au prêtre la même indépendance que vous réclamez pour vous-mêmes : si vous n'êtes point forcé de l'appeler à votre dernier soupir, pourquoi serait-il obligé de veiller à votre dernier asile? Par quelle dérision ceux qui ont su toute leur vie, sans y attacher aucune importance, qu'ils étaient hors de l'Église catholique, veulent-ils y rentrer après leur mort? S'ils ont cru à la puissance de l'anathème, il est trop tard pour la réconciliation; s'ils n'y ont pas cru, ils n'ont donc voulu produire que du scandale? Si, comme autrefois, les registres des naissances, des mariages et des décès étaient tenus par les curés des diverses paroisses; si, comme autrefois encore, ces curés étaient les maîtres de refuser l'inhumation en terre sainte, on pourrait dire que l'excommunication trouble l'état civil, en empêchant un citoyen d'être inscrit sur le rôle des morts, et de reposer auprès d'eux ; mais il n'en est pas ainsi, puisque tous les actes publics se font aux municipalités, et que la puissance temporelle est séparée de la puissance spirituelle. Qui empêchait mademoiselle Raucourt de se faire porter en pompe au cimetière, environnée de ses amis et de tous ceux qui attachaient quelque prix à ses talents? Qu'auraient demandé de plus les admirateurs de Molière? Voltaire, au lieu de déplorer le sort de mademoiselle Le Couvreur, n'aurait-il pas chanté la tolérance du siècle qui eût accordé à cette actrice de pareilles funérailles?

Et regardons encore à quel point l'Église gallicane pousse la douceur et la charité : que faut-il à un comédien pour que ses cendres soient reçues dans l'église? Il suffit qu'un domestique, un témoin, affirment que le moribond, avant d'expirer, a demandé les secours d'un prêtre. Lorsqu'on a négligé de donner ces légères marques de respect au culte antique de la patrie, à la religion de tant de grands hommes, sied-il bien de venir lui demander les dernières prières qu'elle offre pour le repos de ses enfants? Mais en même temps quel aveu de l'insuffisance de l'homme pour consoler les cendres de l'homme! Vainement nous avons paru mépriser la religion dans notre passage sur la terre, il s'élève de notre cercueil une voix qui réclame ses espérances et ses bénédictions.

LETTRE SUR LA GRÈCE

Paris, ce 23 octobre 1825.

Les Grecs semblent encore avoir échappé à la destruction dont ils étaient menacés à l'ouverture de la dernière campagne : ils se sont montrés plus intrépides que jamais. Le siège de Missolonghi, soit que ce siége ait été levé ou qu'il se soutienne encore, soit que la ville foudroyée doive succomber ou sortir triomphante du milieu des flammes, ce siége, disons-nous, attestera à la postérité que les Hellènes n'ont point dégénéré de leurs ancêtres. Si des gouvernements étaient assez barbares pour souhaiter la destruction des Grecs, il ne fallait pas laisser aux derniers le temps de déployer un si illustre courage. Il y a trois ou quatre ans qu'une politique inhumaine aurait pu nous dire que le fer musulman n'avait égorgé qu'un troupeau d'esclaves révoltés; mais aujourd'hui serait-elle reçue à parler ainsi d'un sang héroïque? L'univers entier s'élèverait contre elle. On se légitime par l'estime et l'admiration qu'on inspire : les peuples acquièrent des droits à la liberté par la gloire.

Il n'est pas étonnant que la défense ait été moins forte dans le Péloponèse. Quand on a parcouru ce pays, quand on sait que les paysans grecs, opprimés, dépouillés, égorgés par les Turcs, ne pouvaient avoir chez eux ni poudre, ni fusils, ni armes d'aucune espèce, on conçoit comment une troupe de villageois, pourvus pour tout moyen de défense et d'attaque de bâtons et de pierres, aient été étonnés à l'aspect de troupes régulières de nègres et d'Arabes. Mais leurs montagnes leur serviront de rempart; ils s'accoutumeront à voir marcher des soldats à demi disciplinés; ils apprendront la guerre : et, si Ibrahim n'est pas continuellement secouru, il pourrait rester dix ans dans les vallées du Péloponèse sans être plus avancé le dernier que le premier jour.

Sur la mer, les Grecs ont maintenu leurs avantages. Les Turcs, malgré la supériorité de leurs vaisseaux, ne cherchent plus même à tenir devant un ennemi qui ne leur oppose pourtant que de frêles embarcations. L'audacieuse entreprise de Canaris sur le port d'Alexandrie a été au moment de tarir cette source de peste et d'esclavage que l'Afrique fait couler vers la Grèce.

On nous dit que des flottes russes vont venir à leur tour dans la Méditerranée juger des coups, et assister à la lutte de quelques chrétiens abandonnés de la chrétienté entière, contre un peuple de barbares qui a menacé le monde chrétien, et qui fait encore peser son joug sur une grande partie de l'Afrique, de l'Asie et de l'Europe. Le spectacle est digne, en effet, de l'admiration des hommes; mais nous plaindrions les spectateurs qui pourraient en être les témoins sans en partager l'honneur et les périls.

En attendant que les cabinets se réveillent, nous, simples particuliers, nous qui n'avons aucune raison pour séparer la justice et l'humanité de la politique, formons des vœux pour nos frères en religion. Que tous ceux dont le cœur palpite au nom de la Grèce; que tous ceux qui apprécient à sa juste valeur le grand nom de chrétien ; que tous ceux qui estiment le courage, qui aiment la liberté, détestent l'oppression et ont pitié du malheur; que tous ceux-là s'empressent de soutenir une cause que la civilisation ne peut abandonner sans une lâche ingratitude : la foi de nos pères et la reconnaissance du genre humain doivent prendre sous leur protection la mission de saint Paul et les ruines d'Athènes.

Une autre campagne en Grèce peut avoir lieu : il faut pourvoir d'avance aux besoins des braves qui seront appelés sur le champ de bataille : déjà nous avons ouvert un asile aux deux enfants de Canaris; leur mère a été massacrée : leur père, qui, décidé à mourir pour la patrie, les regarde déjà comme orphelins, sera-t-il abandonné par nous? Pouvons-nous mieux répondre à la touchante confiance qu'il nous témoigne, qu'en lui fournissant les moyens de recevoir dans ses mains triomphantes les chers gages qu'il a déposés dans le sein de l'honneur français? Ce sont les orphelins de la Grèce qui implorent eux-mêmes aujourd'hui à nos foyers notre piété nationale : qui mieux que des Français peut sentir la sympathie de la gloire et du malheur?

DE LA RESTAURATION

ET

DE LA MONARCHIE ÉLECTIVE

OU

RÉPONSE A L'INTERPELLATION DE QUELQUES JOURNAUX

SUR MON REFUS DE SERVIR LE NOUVEAU GOUVERNEMENT.

Une question obligeante m'a été faite à diverses reprises dans les feuilles publiques. On a demandé pourquoi je refusais de servir une révolution qui consacre des principes que j'ai défendus et propagés.

Je n'avais pas oublié cette question, mais je m'étais déterminé à n'y pas répondre : je voulais sortir en paix du monde politique, comme je sors en paix du monde littéraire dans la Préface du grand ouvrage qui termine mes *Œuvres complètes*, et qui paraîtra dans quelques jours. « A quoi bon, me disais-je, ar-
« mer de nouveau les passions contre moi? Ma vie

« n'a-t-elle pas été assez agitée ? Ne pourrais-je « trouver quelques heures de repos au bord de ma « fosse? » Une proposition faite à la chambre des députés est venue changer ma résolution. Je serai compris des gens de cœur. A peine délivré d'un long et rude travail, il m'en coûte de troubler le dernier moment qui me reste à passer dans ma patrie; mais c'est une affaire d'honneur ; je ne puis l'éviter.

Depuis les journées de Juillet, je n'ai point fatigué le pouvoir de mes doléances. J'ai parlé de la monarchie élective aux pairs de France, avant qu'elle fût formée; j'en parle maintenant aux Français, après huit mois d'existence de cette monarchie. Une grave occasion, la chute de trois souverains, m'avait obligé de m'expliquer : une occasion tout aussi grave, la proscription de ces rois, ne me permet pas de rester muet. Dans cet opuscule (réfutation indirecte de la proposition faite aux chambres législatives, et développement de mes idées sur ce qui est), les partis se trouveront plus ou moins froissés : je n'en caresse aucun ; je dis à tous des vérités dures. Je n'ai rien à ménager : dépouillé du présent, n'ayant qu'un avenir incertain au delà de ma tombe, il m'importe que ma mémoire ne soit pas grevée de mon silence. Je ne dois pas me taire sur une restauration à laquelle j'ai pris tant de part, qu'on outrage tous les jours, et que l'on proscrit enfin sous mes yeux. Sans coterie, sans appui, je suis seul chargé et seul responsable de moi. Homme solitaire, mêlé par hasard aux choses de la vie, ne marchant avec personne, isolé dans la restauration, isolé après la restauration, je demeure, comme toujours, indépendant de tout, adoptant, des diverses opinions, ce qui me semble bon, rejetant ce qui me paraît mauvais, peu soucieux de plaire ou de déplaire à ceux qui les professent. Au moyen âge, dans les temps de calamités, on prenait un religieux, on l'enfermait dans une petite tour où il jeûnait au pain et à l'eau pour le salut du peuple. Je ne ressemble pas mal à ce moine du douzième siècle : à travers la lucarne de ma geôle expiatoire, je vais prêcher mon dernier sermon aux passants, qui ne l'écouteront pas.

Les raisons qui m'ont empêché de prêter foi et hommage au gouvernement actuel sont de deux sortes : les unes générales, les autres particulières ou personnelles ; parlons d'abord des premières.

Si la restauration avait eu lieu en 1796 ou en 1797, nous n'aurions pas eu la Charte, ou du moins elle eût été étouffée au milieu des passions émues. Buonaparte écrasa la liberté présente, mais il prépara la liberté future en domptant la révolution, et en achevant de détruire ce qui restait de l'ancienne monarchie. Il laboura tout ce champ de mort et de débris : sa puissante charrue, traînée par la Gloire, creusa les sillons où devait être semée la liberté constitutionnelle.

Survenue après l'empire, la restauration aurait pu se maintenir à l'aide de la Charte, malgré la défiance dont elle était l'objet, malgré les succès étrangers dont elle n'était que l'accident, mais dont elle paraissait être le but.

La légitimité était le pouvoir incarné ; en la saturant de libertés, on l'aurait fait vivre en même temps qu'elle nous eût appris à régler ces libertés. Loin de comprendre cette nécessité, elle voulut ajouter du pouvoir à du pouvoir ; elle a péri par l'excès de son principe.

Je la regrette, parce qu'elle était plus propre à achever notre éducation que toute autre forme gouvernementale. Encore vingt années de l'indépendance de la presse sans secousses, et les vieilles générations auraient disparu, et les mœurs de la France se seraient tellement modifiées, et la raison publique aurait fait de si grands progrès, que nous eussions pu supporter toute révolution sans péril.

Le chemin que l'on a suivi est plus court : est-il meilleur ? est-il plus sûr ?

Il existe deux sortes de révolutionnaires : les uns désirent la révolution avec la liberté, c'est le très-petit nombre ; les autres veulent la révolution avec le pouvoir, c'est l'immense majorité. Nous nous faisons illusion ; nous croyons de bonne foi que la liberté est notre idole : erreur. L'égalité et la gloire sont les deux passions vitales de la patrie. Notre génie, c'est le génie militaire ; la France est un soldat. On a voulu les libertés tant qu'elles ont été en opposition à un pouvoir qu'on n'aimait pas, et qui semblait prendre à tâche de contrarier les idées nationales : ce pouvoir abattu, ces libertés obtenues, qui se soucie d'elles, si ce n'est moi et une centaine de béats de mon espèce ? A la plus petite émeute qui n'est pas dans le sens de son opinion, à la plus légère égratignure dans un journal, le plus fier partisan de la liberté de la presse invoque tout haut ou tout bas la censure. Croyez-vous que ces docteurs qui jadis nous démontraient l'excellence des lois d'exception, puis qui devinrent épris de la liberté de la presse quand ils furent tombés, qui se vantent aujourd'hui d'avoir toujours combattu en faveur des libertés ; croyez-vous qu'ils ne soient pas enclins à revenir à leur première tendresse pour une *sage liberté,* ce qui, dans leur bouche, voulait dire la liberté à livrée ministérielle, chaîne et plaque au cou, transformée en huissier de la chambre ? Ne les entend-on pas déjà répéter l'ancien adage de l'impuissance : *Qu'il est impossible de gouverner comme cela ?*

Je l'ai prédit dans mon dernier discours à la tribune de la pairie : la monarchie du 29 juillet est dans une condition absolue de gloire ou de lois d'exception : elle vit par la presse, et la presse la tue ; sans gloire elle sera dévorée par la liberté ; si elle attaque cette liberté, elle périra. Il ferait beau nous voir, après avoir chassé trois rois avec des barricades pour la liberté de la presse, élever de nouvelles barricades contre cette liberté ! Et pourtant que faire ? L'action redoublée des tribunaux et des lois suffira-t-elle pour contenir les écrivains ? Un gouvernement nouveau est un enfant qui ne peut marcher qu'avec des lisières. Remettrons-nous la nation au maillot ? Ce terrible nourrisson, qui a sucé le sang dans les bras de la Victoire à tant de bivouacs, ne brisera-t-il pas ses langes ? Il n'y avait qu'une vieille souche profondément enracinée dans le passé, qui pût être battue impunément des vents de la liberté de la presse. Il y eut liberté en France pendant les trois premières années de la révolution, parce qu'il y eut légitimité : depuis la mort de Louis XVI, que devint cette liberté jusqu'à la restauration ? Elle tua tout sous la république, et fut tuée sous l'empire. Nous verrons ce qu'elle deviendra sous la monarchie élective.

Les embarras de cette monarchie se décèlent à tous moments : elle est en désaccord avec les monarchies continentales absolues qui l'environnent. Sa mission est d'avancer, et ceux qui la conduisent n'osent avancer : elle ne peut être ni stationnaire ni rétrograde ; et, dans la crainte de se précipiter, ses guides sont stationnaires et rétrogrades. Ses sympathies sont pour les peuples ; si on lui fait renier ces peuples, il ne lui restera aucun allié. Elle marche entre trois menaces : le spectre révolutionnaire, un enfant qui joue au bout d'une longue file de tombeaux, un jeune homme à qui sa mère a donné le passé et son père l'avenir.

Aujourd'hui, c'est une chose convenue, que la restauration était un temps d'oppression ; l'empire, une époque d'indépendance : deux flagrantes contre-vérités. Il serait bien étonné de sa couronne civique, s'il revenait à la vie, le libéral de la conscription, qui mitraillait le peuple au 13 vendémiaire sur les marches de Saint-Roch, et faisait sauter à Saint-Cloud la représentation nationale par les fenêtres. La liberté de la presse, la liberté de la tribune, et la royauté dans la rue, lui paraîtraient d'étranges éléments de son empire. On va jusqu'à immoler notre réputation nationale à celle de Napoléon ; il semble que nous n'étions rien sans lui. En nous vantant de notre indépendance, ne tombons pas en extase devant le despotisme ; sachons mettre l'honneur de la patrie au-dessus de la gloire d'un homme, quelque grande qu'elle soit.

Quant à la restauration, les quinze années de son existence avec leurs inconvénients, leurs fautes, leur stupidité, leurs tentatives de despotisme par les lois et par les actes, le mal-vouloir de l'esprit qui les dominait ; ces quinze années sont, à tout prendre, les plus libres dont aient jamais joui les Français depuis le commencement de leurs annales.

Nous avons sous les yeux depuis six mois un miracle : tout pouvoir est brisé ; obéit qui veut ; la France se gouverne et vit d'elle-même, par le seul progrès de sa raison. Sous quel régime a-t-elle fait ce progrès ? Est-ce sous les lois de la convention et du directoire, ou sous l'absolutisme de l'empire ? C'est sous le régime légal de la Charte ; c'est pendant le règne de la liberté de la tribune et de la liberté de la presse. Ce que j'ose dire aujourd'hui blessera les passions du moment :

tout le monde le redira quand l'effervescence réactionnaire sera calmée.

Ces quinze années de la restauration n'ont pas même été sans éclat; elles ont laissé pour monuments de beaux édifices, des statues, des canaux, de nouveaux quartiers dans Paris, des halles, des quais, de aqueducs, des embellissements sans nombre, une marine militaire recréée, la Grèce délivrée, une vaillante colonie dans le repaire des anciens pirates que l'Europe entière pendant trois siècles n'avait pu détruire, un crédit public immense, une propriété industrielle dont l'état florissant ne se peut mieux attester que par les banqueroutes générales, effroyable ruine de nos manufactures et de nos places de commerce, depuis l'établissement de la monarchie élective.

J'entends parler de l'abaissement où languissait la France en Europe, pendant la restauration. Ceux qui s'expriment ainsi affrontaient apparemment les balles de la garde royale à la tête de la jeunesse, dans les trois mémorables journées : marchant sans doute aujourd'hui dans le sens de la révolution opérée, ils ont nargué les Cosaques et les Pandours, secouru les peuples qui répondaient à notre cri de liberté, et poussé jusqu'aux rives du Rhin nos générations belliqueuses. Ces fières insultes à la restauration m'ont fait croire un matin que Buonaparte avait secoué sa poussière, abîmé dans la mer l'île qui lui servait de tombe, et était revenu en trois pas par les Pyramides, Austerlitz et Marengo. J'ai regardé : qu'ai-je aperçu? De nobles champions sensibles au dernier point à notre déshonneur national, mais au fond les meilleures gens du monde. Ils ont obtenu la paix de l'Europe en laissant assommer les peuples assez sots pour avoir pris au sérieux les déclarations de non-intervention. Cette pauvre légitimité s'avisait quelquefois d'avoir du sang dans les veines. Elle osa aller de la Bidassoa à Cadix, malgré l'Angleterre; elle arma, combattit et vainquit en faveur de la Grèce; elle s'empara d'Alger, sous le canon de Malte; elle déclara qu'elle ne rendrait cette conquête que quand et comment il lui plairait. Le gouvernement actuel brave une autre autorité : il refuse la Belgique malgré la nation; il laisse égorger les Polonais malgré la nation; il laisse ou va laisser l'Autriche occuper Parme, Plaisance, Modène, peut-être Boulogne et le reste, malgré la nation. Qu'il continue à se conduire de la sorte, et les cabinets de l'Europe le préféreront à la monarchie passée; il gagnera sa légitimité auprès des gouvernements légitimes, comme un chevalier gagnait jadis ses éperons, non la lance au poing, mais le chapeau bas.

Si des personnes froissées par la restauration en parlent avec colère, je les comprends; si d'autres personnes ennemies du sang des Capets veulent le bannir, et pensent qu'on ne peut achever une révolution qu'en changeant la race royale, je ne m'explique pas leur haine, mais je fais la part à leur système; si les vrais triomphateurs de juillet s'expriment avec amertume sur ce qui leur semblait comprimer leur énergie, je m'associe à leur généreuse ardeur et à leurs vives espérances. Mais quand des hommes qui marchaient à la queue de la restauration, qui sollicitaient ses rubans et ses faveurs, qui brûlaient d'être ses ministres, qui conservent même aujourd'hui ses pensions et ses places; quand ces hommes viennent raconter à la face du monde le mépris qu'ils sentent pour la restauration, c'est trop fort; qu'ils le gardent pour eux; qu'ils sachent que les vrais amis de la restauration n'en ont jamais accepté que l'honneur et la liberté. J'ai entre les mains les lettres intimes, à moi adressées, de mon illustre ami M. Canning : elles prouveront à la postérité que la France, sous la restauration, n'était ni si humiliée, ni si endurante, ni si bravée qu'on l'affecte de croire. L'empereur Alexandre me fournirait d'autres témoins irrécusables de ce fait. Je possède les marques de confiance dont il m'honorait; il me faisait écrire qu'il signerait les yeux fermés tous les traités que je lui présenterais au nom de la France; et la diplomatie n'ignore pas que je n'ai cessé de réclamer pour ma patrie un partage plus équitable de l'Europe que le partage des traités de Vienne. Dans un plan général que j'avais fait adopter, et où se trouvaient comprises les colonies espagnoles émancipées, nous aurions obtenu des limites qui n'auraient pas laissé Paris, deux fois occupé, à six marches de la cavalerie ennemie. Mais dans ce pays, de misérables jalousies ont-elles jamais accordé à un homme en place le temps d'achever quelque chose? Si l'enfant à qui j'ai donné mon vote au mois d'août eût passé au scrutin royal; si je fusse entré dans ses conseils; si les troubles du Nord eussent éclaté, j'aurais appelé la jeune France autour de Henri V; je lui aurais demandé d'effacer, avec le jeune monarque, la honte de Louis XV. Que les ministres de la monarchie élective osent convoquer un pareil ban. Quand le gouvernement actuel aura fait la guerre sous le drapeau tricolore comme la restauration sous le drapeau blanc, en présence de la liberté de la presse; quand il aura agrandi notre territoire, illustré nos armes, amélioré nos lois, rétabli l'ordre, relevé le crédit et le commerce, alors il pourra insulter à la restauration : jusque-là, qu'il soit modeste : ce n'est pas la tête qu'il faut porter haut, c'est le cœur. Vous parlez de l'abaissement de la France, et vous êtes à genoux! Cela vous va mal. Les vaincus, qui ne le sont pas de votre main, peuvent encore, malgré leurs blessures, relever votre gant et vous renvoyer vos dédains.

Et pour dire un mot de ce système de *non-intervention* dont on fait tant de bruit, je pense qu'un homme d'État ne doit jamais énoncer des principes rigoureux à la tribune, car l'événement du lendemain peut le forcer à déroger à ces principes. Aussi avons-nous vu l'étrange embarras des ministres, lorsque, s'écriant toujours qu'ils n'intervenaient pas, ils intervenaient sans cesse dans les transactions de la Belgique. Le département des relations extérieures avait, de son propre aveu, déclaré que la France ne consentirait pas à l'entrée des Autrichiens dans les pays insurgés de l'Italie; et les Autrichiens sont entrés dans ces pays, et la France a laissé faire, et de généreux citoyens, qui n'avaient agi qu'en se confiant à notre déclaration, gémissent peut-être actuellement dans les cachots. On eût évité ces misérables contradictions en se renfermant dans les règles de la politique. Un gouvernement ne proclame pas de si haut des doctrines qu'il n'est pas sûr de pouvoir maintenir, ou qu'il ne se sent pas décidé à maintenir. Sans doute il professe des sentiments d'équité, de liberté et d'honneur; mais il ne se lie pas par de vaines paroles; il demeure libre d'intervenir ou de ne pas intervenir, selon les circonstances et dans les intérêts essentiels de l'État.

Le mot de cette énigme est facile à deviner : des hommes qui n'avaient pas bien compris la révolution de juillet, qui en avaient peur, qui lui prêtaient leur propre faiblesse, ont cru que la monarchie nouvelle ne pouvait exister de droit, si elle n'était vite sanctionnée de tous les cabinets de l'Europe. Au lieu de contraindre à cette reconnaissance par une attitude de force et de grandeur, on l'a sollicitée par des offices de chancellerie ; on a mis en avant le principe de non-intervention, pour se cacher derrière. La reconnaissance obtenue (bien moins par l'effet du principe de la non-intervention que par la frayeur que nous inspirions malgré l'humble posture du conseil), on s'est trouvé embarbouillé dans ce principe, dont on n'avait pas senti la portée : on l'avait voulu pour vivoter en paix, non pour vivre en gloire.

Certainement nous ne sommes pas obligés de nous constituer les champions de tous les peuples qui s'agiteront sur la terre ; mais il faut que nos discours et nos déclarations publiques ne leur soient pas un piége ; il faut que ces déclarations ne servent pas à les jeter dans des entreprises au-dessus de leurs forces, car alors leur sang retomberait sur nous. La France pouvait rester tranquille ; mais si elle s'est offerte pour témoin de la liberté dans tout duel entre cette liberté et le pouvoir, elle doit être là pour arranger l'affaire avec ses bons offices ou son épée.

Résulte-t-il de ceci que je conseillerais la guerre, si j'avais le droit de donner un conseil ? Il y a cinq ou six mois que j'aurais dit sans hésiter : « Profitez de la « nouvelle position de la France, de son énergie, de « la bienveillance des nations, de la frayeur des cabi- « nets, pour lui faire obtenir, par des traités ou par « les armes, les limites qui manquent à sa sûreté et à « son indépendance. » C'était une condition de vie pour un gouvernement qui aurait compris le mouvement de juillet. Maintenant l'heure n'est-elle point passée ? L'Europe a été témoin de nos tergiversations ; les rois sont revenus de leur stupeur ; les peuples, de leurs espérances : ceux-ci même, trompés, sont devenus indifférents ou ennemis. Notre révolution n'a plus les caractères purs et distinctifs de son origine ; elle n'est plus qu'une révolution vulgaire ; des esprits communs l'ont engagée dans des routes communes. Ce qui se serait opéré par l'élan naturel des masses, ne pourrait peut-être s'accomplir actuellement que par des moyens devant lesquels tout homme de bien reculerait. Hélas ! telle a été l'administration de la France depuis quelques mois, que je vois des citoyens éclairés, d'un jugement sain, d'une âme élevée, incliner à croire qu'il y aurait danger pour l'ordre intérieur dans une rupture avec l'étranger. Sommes-nous donc véritablement forcés à nous contenter des assurances des cabinets, qui nous promettent de nous faire grâce de la guerre? Sommes-nous obligés d'avouer contradictoirement aujourd'hui que nous laisserons agir l'Europe comme bon lui semblera chez nos voisins, que nous ne défendrons que notre territoire, après nous être déclarés si chevaleresquement, par la non-intervention, les paladins de la liberté des peuples ? L'honneur de la France se réduit-il à la seule résistance que nous opposerions à une invasion? Faut-il compter pour rien notre renommée et notre parole ? En vérité, si les fautes des précédentes administrations ont mis l'administration actuelle dans l'impérieuse nécessité d'adopter par raison un système qui fut suivi par faiblesse, il la faut plaindre. Nous armons pour faire désarmer, nous nous ruinons pour empêcher ce qu'on prévoirait être notre ruine : ce n'était pas à donner des preuves de cette courageuse résignation que la France s'était crue appelée après les journées de juillet.

A entendre les déclamations de cette heure, il semble que les exilés d'Édimbourg soient les plus petits compagnons du monde, et qu'ils ne fassent faute nulle part. Il ne manque aujourd'hui au présent que le passé, c'est peu de chose! comme si les siècles ne se servaient point de base les uns aux autres, et que le dernier arrivé se pût tenir en l'air! Comment se fait-il que, par le déplacement d'un seul homme à Saint-Cloud, il ait fallu prêter 30 millions au commerce, vendre pour 200 millions de bois de l'État, augmenter les perceptions de 55 centimes sur le principal de la contribution foncière, et de 30 centimes sur la contribution des patentes? Jamais sacre royal a-t-il coûté aussi cher que notre inauguration républicaine? Notre vanité aura beau se choquer des souvenirs, gratter les fleurs de lis, proscrire les noms et les personnes, cette famille, héritière de mille années, a laissé par sa retraite un vide immense; on le sent partout. Ces individus, si chétifs à nos yeux, ont ébranlé l'Europe dans leur chute. Pour peu que les événements produisent leurs effets naturels, et qu'ils amènent leurs rigoureuses conséquences, Charles X en abdiquant aura fait abdiquer avec lui tous ces rois gothiques, grands vassaux du passé sous la suzeraineté des Capets.

Les hommes de théorie prétendent qu'on a gagné à la chute de la légitimité le principe de l'élection.

L'élection est un droit naturel, primitif, incontestable; mais l'élection est de l'enfance de la société, lorsqu'un peuple opprimé et sans garanties légales n'a d'autre moyen de délivrance que le choix libre d'un autre chef. Sous l'empire d'une civilisation avancée, quand il y a des lois écrites, quand le prince ne peut transgresser ces lois sans les armer contre lui, sans s'exposer à voir passer sa couronne à son héritier, l'élection perd son premier avantage; il ne lui reste que les dangers de sa mobilité et de son caprice. Dans un État politique incomplet, l'élection est la constitution tout entière; dans un État politique perfectionné, la constitution est l'élection dépouillée de ce qu'elle a de passionné, d'ambitieux d'anarchique et d'insurrectionnel. Que si, par l'élection, on arrive au changement de race, ce qui peut être quelquefois utile, on arrive aussi à la multiplication des dynasties royales, aux guerres civiles comme en Pologne, à la succession électorale des tyrans militaires comme dans l'empire romain.

Par l'élection, le principe de l'ordre n'étant pas perpétuel dans une famille perpétuellement gouvernante, ce principe est transitoire dans la personne royale transitoire; il manque de solidité, et, selon le caractère de l'individu appelé au trône, il se détend jusqu'à l'anarchie, ou se tend jusqu'au despotisme. Si, frappé de ces périls, vous ajoutez l'hérédité à l'élection, vous créez une forme politique amphibie à tête de roi, à queue de peuple, qui a le double inconvénient de l'élection et de la légitimité, sans avoir les avantages de l'une et de l'autre.

Nous marchons à une révolution générale: si la transformation qui s'opère suit sa pente et ne rencontre aucun obstacle; si la raison populaire continue son développement progressif; si l'éducation morale des classes intermédiaires ne souffre point d'interruption, les nations se nivelleront dans une égale liberté; si cette transformation est arrêtée, les nations se nivelleront dans un égal despotisme. Ce despotisme durera peu, à cause de l'âge avancé des lumières; mais il sera rude, et une longue dissolution sociale le suivra. Il ne peut résulter des journées de juillet, à une époque plus ou moins reculée, que des républiques permanentes ou des gouvernements militaires passagers, que remplacerait le chaos. Les rois pourraient encore sauver l'ordre et la monarchie en faisant les concessions nécessaires: les feront-ils? Point ne le pense.

Préoccupé que je suis de ces idées, on voit pourquoi j'ai dû demeurer fidèle, comme individu, à ce qui me semblait la meilleure sauvegarde des libertés publiques, la voie la moins périlleuse par laquelle on pourrait arriver au complément de ces libertés.

Ce n'est pas que j'aie la prétention d'être un larmoyant prédicant de politique sentimentale, un rabâcheur de panache blanc et de lieux communs à la Henri IV. En parcourant des yeux l'espace qui sépare la tour du Temple du château d'Édimbourg, je trouverais sans doute autant de calamités entassées qu'il y a de siècles accumulés sur une noble race. Une femme de douleur a surtout été chargée du fardeau le plus lourd, comme la plus forte : il n'y a cœur qui ne se brise à son souvenir; ses souffrances sont montées si haut, qu'elles sont devenues une des grandeurs de la révolution. Mais enfin on n'est pas obligé d'être roi : la Providence envoie les afflictions particulières à qui elle veut, toujours brèves, parce que la vie est courte; et ces afflictions ne sont point comptées dans les destinées générales des peuples.

Je ne m'apitoie point sur une catastrophe provoquée; il y a eu parjure, et meurtre à l'appui du parjure : je l'ai proclamé le premier en refusant de prêter serment au vainqueur. La Charte était *octroyée?* Cela signifiait-il que toutes les conditions étaient d'un côté, aucune de l'autre? Pour cette Charte *octroyée,* la France avait donné plus d'un milliard annuel; elle avait accordé le milliard des émigrés, les milliards des étrangers; voilà comme le contrat était devenu synallagmatique. N'en voulait-on plus, de ce contrat? Dans ce cas, il fallait rendre une vingtaine de milliards, supposer qu'il n'y avait rien de fait, reprendre ses premières positions hors du pays; alors on aurait négocié de nouveau, et l'on eût vu si la nation consentait à la légitimité sans la Charte.

Mais parce qu'on rencontrait une opposition constitutionnelle dans une chambre qui depuis a prouvé assez qu'elle n'était ni factieuse ni républicaine; sous le prétexte de conspirations qui n'existaient pas ou qui n'ont existé que jusqu'à l'année 1823, priver toute une nation de ses droits! mettre la France en interdit! c'était une odieuse bêtise qui a reçu et mérité son châtiment. Si cette entreprise de l'imbécillité et de la folie eût réussi pendant quelques jours, le sang eût coulé. La faiblesse victorieuse est implacable; toutes les paroles des courtisans et des espions jubilaient de vengeance. Moi qui parle, j'aurais été le premier sacrifié, car rien ne m'aurait empêché d'écrire. Je me serais cru le droit de repousser la violence par la violence, de tuer quiconque serait venu m'arrêter, une ordonnance et une loi à la main. Eh bien! toutes ces concessions faites, notre recours à une vengeance sans prévision et sans limites n'en est pas moins un des plus funestes accidents qui aient pu arriver aux libertés comme à la paix du monde.

Que voulons-nous? que cherchons-nous? un niveau plus parfait encore que celui qui nous égalise? Mais l'inégalité renaît de la nature même des hommes et des choses. Combien de révolutionnaires, choqués de n'arriver à rien dans le cours de la révolution, tournèrent sur eux les mains désespérées qu'ils avaient portées sur la société! Le bonnet rouge ne parut plus à leur orgueil qu'une autre espèce de couronne, et le sans-culottisme qu'une sorte de noblesse dont les Marat et les Robespierre étaient les grands seigneurs. Furieux de retrouver l'inégalité des rangs jusque dans le monde des douleurs et des larmes; condamnés à n'être encore que des vilains dans la féodalité des niveleurs et des bourreaux, ils s'empoisonnèrent ou se coupèrent la gorge avec rage, pour échapper aux supériorités du crime.

Nous remettrons-nous entre les mains de ces vétérans révolutionnaires, de ces invalides coupe-têtes de 1793, qui ne trouvent rien de si beau que les batailles de la guillotine, que les victoires remportées par le bourreau sur les jeunes filles de Verdun et sur le vieillard Malesherbes? qui croient qu'on se laisserait trancher le cou aujourd'hui aussi bénignement qu'autrefois? qu'il serait possible de rétablir le meurtre légal et le superbe règne de la Terreur, le tout pour jeter ensuite la France échevelée et saignante sous le sabre d'un Buonaparte au petit pied, avec accompagnement de bâillons, menottes, autres menus fers, et parodie impériale?

D'un autre côté, que voudrait ce vieux parti royaliste, plein d'honneur et de probité, mais dont l'entendement est comme un cachot voûté et muré, sans porte, sans fenêtre, sans soupirail, sans aucune issue à travers laquelle se pût glisser le moindre rayon de lumière? Ce vieux et respectable parti retomberait demain dans les fautes qu'il a faites hier : toujours dupe des hypocrites, des intrigants, des escrocs et des espions, il passe sa vie dans de petites manigances, qu'il prend pour de grandes conspirations.

Entre les hommes qui livreraient toutes nos libertés pour une place de garçon de peine au service de la légitimité, et ceux qui les vendraient pour du sang à une usurpation de leur choix, et ceux qui, n'étant ni de l'un ni de l'autre bord, restent immobiles au milieu, on est bien embarrassé.

Les systèmes politiques ne m'ont jamais effrayé; je les ai tous rêvés : il n'y a point d'idées de cette nature dont je n'aie cent et cent fois parcouru le cercle. J'en suis arrivé à ce point, que je ne crois ni aux peuples ni aux rois; je crois à l'intelligence et aux faits qui composent toute la société. Personne n'est plus persuadé que moi de la perfectibilité de la nature humaine; mais je ne veux pas, quand on me parle de l'avenir, qu'on me vienne donner pour du neuf les guenilles qui pendent depuis deux mille ans dans les écoles des philosophes grecs et dans les prêches des hérésiarques chrétiens. Je dois avertir la jeunesse que lorsqu'on l'entretient de la communauté des biens, des femmes, des enfants, du pêle-mêle des corps et des âmes, du panthéisme, du culte de la pure raison, etc.; je la dois avertir que quand on lui parle de toutes ces choses comme des découvertes de notre temps, on se moque d'elle : ces nouveautés sont les plus vieilles comme les plus déplorables chimères. Que cette admirable portion de la France n'abuse pas de sa force! qu'elle se garde d'ébranler les colonnes du temple! On peut abattre sur soi l'avenir; et plus d'une fois les Français se sont ensevelis sous les ruines qu'ils ont faites.

Sans préjugés d'aucune sorte, c'est donc pour mon pays que je déplore une subversion trop rapide. J'aurais désiré qu'on se fût arrêté à l'innocence et au malheur. La barrière était belle; l'étendard de la liberté y aurait flotté avec moins de chances de tempêtes, et tous les intérêts s'y seraient ralliés. La jeunesse aurait été appelée naturellement à prendre possession d'une ère qui lui appartenait. On franchissait deux degrés ; on se délivrait de vingt-cinq ou trente ans de caducité; on avait un enfant qu'on eût élevé dans les idées du temps, façonné aux opinions et aux besoins de la patrie. On aurait fait tous les changements que l'on aurait voulu à la Charte et aux lois. Ajoutez de la gloire, ce qui était facile, à cette entrée de règne, au milieu de la plus abondante liberté, et vous auriez fait de ce règne une des grandes époques de nos fastes.

Lorsque je dis que la jeunesse aurait été appelée à son naturel héritage, je n'avance rien qui ne soit hors de doute. La restauration ne méconnaissait aucun talent, témoin les hommes qui sont aujourd'hui au pouvoir. M. le maréchal Soult, M. le baron Louis, ont été ministres de Louis XVIII. M. de Villèle, au moment de sa chute, voulait faire donner le portefeuille des finances à M. Laffitte. Quand M. de Villèle fut tombé, on me proposa de rentrer au ministère ; j'y consentis, mais à condition que MM. Casimir Périer, Sébastiani et Royer-Collard entreraient avec moi : cela ne se put arranger pour le moment. Il paraît que Charles X s'est souvenu à Saint-Cloud de ma proposition, puisqu'il avait nommé M. Casimir Périer ministre des finances de Henri V. On offrit à M. de Rigny, en 1829, le portefeuille de la marine. MM. d'Argout et de Montalivet ont reçu la pairie de la légitimité : le second a même hérité, non-seulement de la pairie de son père, mais encore collatéralement de la pairie de son frère ; faveur bien méritée sans doute, mais tout à fait particulière. En vérité, je crois que la restauration n'a jamais cordialement repoussé que moi.

Mais pouvait-on s'arrêter à Henri V? Oui, avec moins de poltronnerie d'un côté et plus de sang-froid de l'autre. On prétend que le monarque mineur n'aurait pu tenir auprès de la royauté abdiquée ; que les intrigues de la vieille cour auraient tout miné ; que deux pouvoirs, l'un de droit, l'autre de fait, se combattant dans l'État, l'auraient détruit ; et qu'enfin la prétention du pouvoir primitif constituant, du droit divin, serait toujours restée.

Je ne suis pas de cette opinion : je crois qu'en appelant autour de Henri de Béarn les hommes forts qui n'ont pas même trouvé place dans la monarchie élective, tous les chefs énergiques du passé libéral et militaire, tous les talents, toute la jeunesse, on aurait facilement dompté les veneurs, les douairières, les inquisiteurs et les publicistes de Saint-Germain et de Fontainebleau. D'ailleurs, l'expérience a prouvé qu'un roi déchu a bien peu de puissance. Charles X et son fils, dans le cas où ils fussent demeurés en France, loin d'être entourés et recherchés, auraient été bientôt plongés dans une profonde solitude.

Supposez-vous le contraire? Alors il était toujours temps de faire ce qu'on a fait le 6 août; on aurait eu l'avantage de convaincre la France par l'expérience qu'on ne pouvait pas s'abriter sous la branche aînée des Bourbons; que force était d'élire un nouveau monarque. Enfin, admettons qu'il fût utile de déposer, sans l'essayer et sans l'entendre, cet orphelin privé tour à tour sur le sol français de son père, de sa couronne et de sa tombe; admettons que ce règne présumé n'eût pas été heureux, êtes-vous mieux aujourd'hui, êtes-vous plus assurés de l'avenir?

Dans tous les cas, un congrès national, réuni pour examiner ce qu'il y avait à faire, aurait été préférable, selon moi, à un gouvernement improvisé de ville en ville, pour trente-trois millions d'hommes, avec le passage d'une diligence surmontée d'un drapeau. Ceux même qui ont commencé le mouvement le voulaient-ils aussi complet? Chaque peuple a son défaut : celui du peuple français est d'aller trop vite, de renverser tout, de se trouver de l'autre côté du bien, au lieu de se fixer dans ce bien, lorsqu'il le rencontre. Au moral comme au physique, nous nous portons sans cesse au delà du but; nous foulons aux pieds les idées, comme nous passons sur le ventre des ennemis : nos conquêtes auraient dû s'arrêter au Rhin, et nous avons couru à Moscou, et nous voulions courir aux Indes.

Le gouvernement actuel me protége comme un étranger paisible; je dois à ses lois reconnaissance et soumission, tant que j'habite sur le sol où il me permet de respirer. Je lui souhaite des prospérités, parce qu'avant tout je désire celles de la France; ses ministres sont honorables; quelques-uns sont habiles. Le chef de l'État mérite des respects; il ne fait point le mal; il n'a pas versé une goutte de sang; il s'élève au-dessus des attaques; il comprend la foi jurée à un autre autel que le sien : cela est digne et royal; mais cela ne change pas la nature des faits. Je ne puis servir le gouvernement qui existe, parce que je crains qu'il ne puisse arriver à l'ordre que par l'oppression de la liberté, et qu'il me semble exposé, s'il veut maintenir la liberté, à tomber dans l'anarchie.

Au surplus, je serai heureux de me tromper. On remarque quelque chose d'usé dans ce pays parmi les hommes, qui peut mener au repos. L'incertitude de l'avenir est si grande; on connaît si peu le point de l'horizon d'où partira la lumière; on a depuis quarante ans une telle habitude de changer de gouvernement, une telle facilité à s'accommoder de rien et de tout, une telle épouvante du retour des crimes et des malheurs de la révolution, qu'on ira peut-être mieux que je ne le pense, et aussi bien que je le désire. Peut-être arrivera-t-il une chambre qui constituera au-dessous de la royauté, trop peu puissante, une république d'occasion sachant faire marcher la liberté avec l'ordre; peut-être surgira-t-il des génies capables de maîtriser le temps; peut-être quelque accident imprévu, quelque secret de Dieu viendra-t-il tout arranger. Les faits ne seront pas peut-être logiques; ils iront peut-être à l'encontre de toutes les prévisions, de tous les calculs; il y a peut-être dans la nation assez de modération et de lumières pour surmonter les obstacles au bien, pour amortir ou repousser les assauts de la presse périodique : Dieu le veuille ! Que la France soit libre, glorieuse, florissante, n'importe par qui et comment, je bénirai le ciel.

Les raisons générales qui m'ont empêché de reconnaître la monarchie élective se déduisent des choses ci-dessus relatées. Quant aux motifs personnels de ma conduite, ils sont encore plus faciles à comprendre. Je n'ai pas voulu me mettre en contradiction avec moi-même, armer mon long passé contre mon court avenir, rougir à chaque mot qui sortira de ma bouche, ne pouvoir me relire sans baisser la tête de honte. Les journées de juillet m'enlevaient tout, hors l'estime publique : je l'ai voulu garder.

Que la proposition qui bannit à jamais la famille déchue du territoire français soit un corollaire de la déchéance de cette famille, cette nécessité en fait naître une autre pour moi dans le sens opposé, celle de me séparer plus que jamais de ce qui existe, de prendre acte nouveau et public de cette séparation: je chercherais d'ailleurs en vain ma place dans les diverses catégories des personnes qui se sont rattachées à l'ordre de choses actuel.

Il y a des hommes qui, par le sentiment de leur talent et de leur vertu, ont dû servir leur patrie quand il ne leur a plus été possible de maintenir la forme de gouvernement qu'ils préféraient : je les admire; mais de si hautes raisons n'appartiennent ni à ma faiblesse ni à mon insuffisance.

Il y a des hommes qui ont prononcé la déchéance de Charles X et de ses descendants par devoir, et dans la ferme conviction que c'est ce qu'il y avait de mieux pour le salut de la France. Ils ont eu raison, puisqu'ils étaient persuadés : je ne l'étais pas ; je n'ai pu imiter leur exemple.

Il y a des hommes qui ne pouvaient ni interrompre leur carrière, ni compromettre des intérêts de famille, ni priver leur pays de leurs lumières, parce qu'il avait plu au gouvernement de faire des folies : ils ont agi très-bien, en s'attachant au pouvoir nouveau. Si, toutes les fois qu'un monarque tombe, il fallait que tous les individus, grands et petits, tombassent avec lui, il n'y aurait pas de société possible. La couronne doit tenir sa parole; quand elle y manque, les sujets ou les citoyens sont dégagés de la leur. Mais les antécédents de ma vie ne me permettaient pas de suivre cette règle générale, et je me trouvais placé dans l'exception.

Il y a des hommes qui détestent la dynastie des Bourbons, et qui ont juré son exil : je crois qu'il est temps d'en finir avec les proscriptions et les exils. J'ai rendu, comme ministre et comme ambassadeur, tous les services que j'ai pu à la famille Buonaparte; elle ne peut désavouer si je ne dis pas ici la vérité : il n'a pas tenu à moi qu'elle n'ait été rappelée en France, et que même la statue de Napoléon n'ait été replacée au haut de sa colonne. C'est ainsi que je comprenais largement la monarchie légitime : il me semblait que la Liberté devait regarder la Gloire en face.

Il y a des hommes qui, croyant à la souveraineté du peuple, ont voulu faire triompher ce principe suranné de la vieille école politique : moi, je ne crois pas au droit divin, mais je ne crois pas davantage à la souveraineté du peuple. Je puis très-volontiers me passer d'un roi, mais je ne me reconnais pas le droit d'imposer à personne le roi que j'aurais choisi. Monarque pour monarque, Henri de Béarn me paraissait préférable pour l'ordre et la liberté de la France. J'ai donc donné ma voix à Henri V, comme mon voisin de droite a pu choisir Louis-Philippe Ier; mon voisin de gauche, Napoléon II; mon voisin en face, la République.

Il y a des hommes qui, après avoir prêté serment à la république une et indivisible, au directoire en cinq personnes, au consulat en trois, à l'empire en une seule, à la première restauration, à l'acte additionnel, aux constitutions de l'empire, à la seconde restauration, ont encore quelque chose à prêter à Louis-Philippe : je ne suis pas si riche.

Il y a des hommes qui ont jeté leur parole sur la place de Grève, en juillet, comme ces chevriers romains qui jouent à *pair ou non* parmi des ruines. Ces hommes n'ont vu dans la dernière révolution qu'un coup de dé; pourvu que cette révolution dure assez pour qu'ils puissent tricher la fortune, advienne que pourra ! Ils traitent de niais et de sot quiconque ne réduit pas la politique à des intérêts privés : je suis un niais et un sot.

Il y a des peureux qui auraient bien voulu ne pas jurer, mais qui se voyaient égorgés eux, leurs grands-parents, leurs petits-enfants et tous les propriétaires, s'ils n'avaient trembloté leur serment : ceci est un effet physique que je n'ai pas encore éprouvé; j'attendrai l'infirmité, et, si elle m'arrive, j'aviserai.

Il y a des grands seigneurs de l'empire unis à leurs pensions par des liens sacrés et indissolubles, quelle que soit la main dont elles tombent : une pension est, à leurs yeux, un sacrement; elle imprime caractère comme la prêtrise et le mariage; toute tête pensionnée ne peut cesser de l'être ; les pensions étant demeurées à la charge du trésor, ils sont restés à la charge du même trésor. Moi, j'ai l'habitude du divorce avec la fortune; trop vieux pour elle, je l'abandonne, de peur qu'elle ne me quitte.

Il y a de hauts barons du trône et de l'autel qui n'ont point trahi les ordonnances : non! mais l'insuffisance des moyens employés pour mettre à exécution ces ordonnances a échauffé leur bile : indignés qu'on ait failli au despotisme, ils ont été chercher une autre antichambre. Il m'est impossible de partager leur indignation et leur demeure.

Il y a des gens de conscience qui ne sont parjures que pour être parjures; qui, cédant à la force, n'en sont pas moins pour le droit : ils pleurent sur ce pauvre Charles X, qu'ils ont d'abord entraîné à sa perte par leurs conseils, et mis ensuite à mort par leur serment; mais si jamais lui ou sa race ressuscite, ils seront des foudres de légitimité. Moi, j'ai toujours été dévot à la mort, et je suis le convoi de la vieille monarchie, comme le chien du pauvre.

Enfin, il y a de loyaux chevaliers qui ont dans leur poche des dispenses d'honneur et des permissions d'infidélité : je n'en ai point.

J'étais l'homme de la restauration *possible*, de la restauration avec toutes les sortes de libertés. Cette restauration m'a pris pour un ennemi; elle s'est perdue : je dois subir son sort. Irai-je attacher quelques années qui me restent à une fortune nouvelle, comme ces bas de robes que les femmes traînent de cours en cours, et sur lesquels tout le monde peut marcher? A la tête des jeunes générations, je serais suspect; derrière elles, ce n'est pas ma place. Je sens très-bien qu'aucune de mes facultés n'a vieilli ; mieux que jamais je comprends mon siècle : je pénètre plus hardiment dans l'avenir que personne ; mais la nécessité a prononcé : finir sa vie à propos est une condition nécessaire de l'homme public.

Je dois, en terminant, prévenir une méprise qui pourrait naître dans certains esprits, de ce que je viens d'exposer.

De prétendus royalistes n'aspirent, dit-on, qu'à voir l'Europe attaquer la France. Hé bien ! le jour où la France serait envahie serait celui qui changerait mes devoirs. Je ne veux tromper personne ; je ne trahirai pas plus ma patrie que mes serments. Royalistes, s'il en existe de tels, qui appelez de vos vœux les baïonnettes ennemies, ne vous abusez pas sur mes sentiments ; reprenez contre moi votre haine et vos calomnies : je reste un renégat pour vous ; un abîme sans fond nous sépare. Aujourd'hui je sacrifierais ma vie à l'enfant du malheur ; demain, si mes paroles avaient quelque puissance, je les emploierais à rallier les Français contre l'étranger qui rapporterait Henri V dans ses bras.

Si j'avais l'honneur de faire encore partie de la chambre des pairs, j'aurais dit à la tribune de cette chambre ce que je dis dans cette brochure, sauf ce qui est relatif au serment, car sous ce rapport ma position n'eût plus été la même. Ma voix sera peut-être importune ; mais que l'on se console ; on l'entend pour la dernière fois dans les affaires politiques, toutes choses demeurant comme elles sont. Prêt à aller mourir sur une terre étrangère, je voudrais qu'il n'y eût plus d'autre Français exilé que moi ; je voudrais que la proposition de bannissement ne fût pas adoptée : c'est en faveur de quelques têtes qu'on veut proscrire que je publie mon opinion. Au mois d'août, je demandais pour le duc de Bordeaux une couronne; je ne sollicite aujourd'hui pour lui que l'espérance d'un tombeau dans sa patrie : est-ce trop?

DISCOURS

SUR LA

DÉCLARATION FAITE PAR LA CHAMBRE DES DÉPUTÉS

LE 7 AOUT 1830

PRONONCÉ A LA CHAMBRE DES PAIRS LE MÊME JOUR, DANS LA SÉANCE DU SOIR.

Messieurs, la déclaration apportée à cette chambre est beaucoup moins compliquée pour moi que pour ceux de messieurs les pairs qui professent une opinion différente de la mienne. Un fait dans cette déclaration domine à mes yeux tous les autres, ou plutôt les détruit. Si nous étions dans un ordre de choses régulier, j'examinerais sans doute avec soin les changements qu'on prétend opérer dans la Charte. Plusieurs de ces changements ont été par moi-même proposés. Je m'étonne seulement qu'on ait pu entretenir cette chambre de la mesure réactionnaire touchant les pairs de la création de Charles X. Je ne suis pas suspect de faiblesse pour les *fournées*, et vous savez que j'en ai combattu même la menace ; mais nous rendre les juges de nos collègues, mais rayer du tableau des pairs qui l'on voudra, toutes les fois que l'on sera le plus fort, cela ressemble trop à la proscription. Veut-on détruire la pairie? soit : mieux vaut perdre la vie que de la demander.

Je me reproche déjà ce peu de mots sur un détail qui, tout important qu'il est, disparaît dans la grandeur de l'événement : la France est sans direction, et j'irais m'occuper de ce qu'il faut ajouter ou retrancher aux mâts d'un navire dont le gouvernail est arraché! J'écarte donc de la déclaration de la chambre élective tout ce qui est d'un intérêt secondaire, et, m'en tenant au seul fait énoncé de la vacance vraie ou prétendue du trône, je marche droit au but.

Une question préalable doit être traitée : si le trône est vacant, nous sommes libres de choisir la forme de notre gouvernement.

Avant d'offrir la couronne à un individu quelconque, il est bon de savoir dans quelle espèce d'ordre politique nous constituerons l'ordre social. Établirons-nous une république ou une monarchie nouvelle?

Une république ou une monarchie nouvelle offre-t-elle à la France des garanties suffisantes de durée, de force et de repos?

Une république aurait d'abord contre elle les souvenirs de la république même. Ces souvenirs ne sont nullement effacés ; on n'a pas oublié le temps où la mort, entre la liberté et l'égalité, marchait appuyée sur leurs bras. Quand vous seriez tombés dans une nouvelle anarchie, pourriez-vous réveiller sur son rocher l'Hercule qui fut seul capable d'étouffer le monstre? De ces hommes fastiques, il y en a cinq ou six dans l'histoire : dans quelque mille ans, votre postérité pourra voir un autre Napoléon ; quant à vous, ne l'attendez pas.

Ensuite, dans l'état de nos mœurs et dans nos rapports avec les États qui nous environnent, la république, sauf erreur, ne me paraît pas exécutable. La première difficulté serait d'amener les Français à un vote unanime. Quel droit la population de Paris aurait-elle de contraindre la population de Marseille ou de telle autre ville de se constituer en républiques ? Y aurait-il une seule république, ou vingt ou trente républiques ? seraient-elles fédératives ou indépendantes ? Passons par-dessus ces obstacles ; supposons une république unique : avec notre familiarité naturelle, croyez-vous qu'un président, quelque grave, quelque respectable, quelque habile qu'il puisse être, soit un an à la tête de l'État sans être tenté de se retirer ? Peu défendu par les lois et par les souvenirs, avili, insulté soir et matin par des rivaux secrets et par des agents de trouble, il n'inspirera ni la confiance si nécessaire au commerce et à la propriété ; il n'aura ni la dignité convenable pour traiter avec les gouvernements étrangers, ni la puissance nécessaire au maintien de l'ordre intérieur ; s'il use de mesures révolutionnaires, la république deviendra odieuse ; l'Europe inquiète profitera de ces divisions, les fomentera, interviendra, et l'on se trouvera de nouveau engagé dans des luttes effroyables. La république représentative est peut-être l'état futur du monde, mais son temps n'est pas arrivé.

Je passe à la monarchie.

Un roi nommé par les chambres ou élu par le peuple sera toujours, quoi qu'on fasse, une nouveauté. Or, je suppose qu'on veut la liberté, surtout la liberté de la presse par laquelle et pour laquelle le peuple vient de remporter une si étonnante victoire. Eh bien! toute monarchie nouvelle sera forcée, ou plus tôt ou plus tard, de bâillonner cette liberté. Napoléon lui-même a-t-il pu l'admettre? Fille de nos malheurs et esclave de notre gloire, la liberté de la presse ne vit en sûreté qu'avec un gouvernement dont les racines sont déjà profondes. Une monarchie, bâtarde d'une nuit sanglante, n'aurait-elle rien à redouter de l'indépendance des opinions? Si ceux-ci peuvent prêcher la république, ceux-là un autre système, ne craignez-vous pas d'être bientôt obligés de recourir à des lois d'exception, malgré les huit mots supprimés dans l'article 8 de la Charte?

Alors, amis de la liberté réglée, qu'aurez-vous gagné au changement qu'on vous propose? Vous tomberez de force dans la république, ou dans la servitude légale. La monarchie sera débordée et emportée par le torrent des lois démocratiques, ou le monarque par le mouvement des factions.

Dans le premier moment d'un succès, on se figure que tout est aisé : on espère satisfaire toutes les exigences, toutes les humeurs, tous les intérêts; on se flatte que chacun mettra de côté ses vues personnelles et ses vanités; on croit que la supériorité des lumières et la sagesse du gouvernement surmonteront des difficultés sans nombre; mais, au bout de quelques mois, la pratique vient démentir la théorie.

Je ne vous présente, Messieurs, que quelques-uns des inconvénients attachés à la formation d'une république ou d'une monarchie nouvelle. Si l'une et l'autre ont des périls, il restait un troisième parti, et ce parti valait bien la peine qu'on en eût dit quelques mots.

D'affreux ministres ont souillé la couronne, et ils

ont soutenu la violation de la foi par le meurtre; ils se sont joués des serments faits au ciel, des lois jurées à la terre.

Étrangers, qui deux fois êtes entrés à Paris sans résistance, sachez la vraie cause de vos succès : vous vous présentiez au nom du pouvoir légal. Si vous accouriez aujourd'hui au secours de la tyrannie, pensez-vous que les portes de la capitale du monde civilisé s'ouvriraient aussi facilement devant vous? La race française a grandi depuis votre départ, sous le régime des lois constitutionnelles; nos enfants de quatorze ans sont des géants; nos conscrits à Alger, nos écoliers à Paris, viennent de vous révéler les fils des vainqueurs d'Austerlitz, de Marengo et d'Iéna; mais les fils fortifiés de tout ce que la liberté ajoute à la gloire.

Jamais défense ne fut plus juste et plus héroïque que celle du peuple de Paris. Il ne s'est point soulevé contre la loi, mais pour la loi; tant qu'on a respecté le pacte social, le peuple est demeuré paisible; il a supporté sans se plaindre les insultes, les provocations, les menaces : il devait son argent et son sang en échange de la Charte; il a prodigué l'un et l'autre. Mais lorsque, après avoir menti jusqu'à la dernière heure, on a tout à coup sonné la servitude; quand la conspiration de la bêtise et de l'hypocrisie a soudainement éclaté; quand une terreur de château, organisée par des eunuques, a cru pouvoir remplacer la terreur de la république et le joug de fer de l'empire, alors ce peuple s'est armé de son intelligence et de son courage; il s'est trouvé que ces *boutiquiers* respiraient assez facilement la fumée de la poudre, et qu'il fallait plus de quatre soldats et un caporal pour les réduire. Un siècle n'aurait pas autant mûri les destinées d'un peuple que les trois derniers soleils qui viennent de briller sur la France. Un grand crime a eu lieu ; il a produit l'énergique explosion d'un principe : devait-on, à cause de ce crime et du triomphe moral et politique qui en a été la suite, renverser l'ordre de choses établi ? Examinons.

Charles X et son fils sont déchus ou ont abdiqué, comme il vous plaira de l'entendre ; mais le trône n'est pas vacant : après eux venait un enfant ; devait-on condamner son innocence ?

Quel sang crie aujourd'hui contre lui ? Oseriez-vous dire que c'est la faute de son père ? Cet orphelin, élevé aux écoles de la patrie dans l'amour du gouvernement constitutionnel et dans les idées de son siècle, aurait pu devenir un roi en rapport avec les besoins de l'avenir. C'est au gardien de sa tutelle que l'on aurait fait jurer la déclaration sur laquelle vous allez voter ; arrivé à sa majorité, le jeune monarque aurait renouvelé le serment. Le roi présent, le roi actuel, aurait été M. le duc d'Orléans, régent du royaume, prince qui a vécu près du peuple, et qui sait que la monarchie ne peut être aujourd'hui qu'une monarchie de consentement et de raison. Cette combinaison naturelle m'eût semblé un grand moyen de conciliation, aurait peut-être sauvé à la France ces agitations qui sont la conséquence des violents changements d'un État.

Dire que cet enfant séparé de ses maîtres n'aura pas le temps d'oublier jusqu'à leurs noms avant de devenir homme ; dire qu'il demeurera infatué de certains dogmes de naissance après une longue éducation populaire, après la terrible leçon qui a précipité deux rois en deux nuits, est-ce bien raisonnable ?

Ce n'est ni par un dévouement sentimental, ni par

un attendrissement de nourrice transmis de maillot en maillot depuis le berceau de saint Louis jusqu'à celui du jeune Henri, que je plaide une cause où tout se tournerait de nouveau contre moi si elle triomphait. Je ne vise ni au roman, ni à la chevalerie, ni au martyre. Je ne crois pas au droit divin de la royauté, et je crois à la puissance des révolutions et des faits. Je n'invoque pas même la Charte : je prends mes idées plus haut ; je les tire de la sphère philosophique, de l'époque où ma vie expire. Je propose le duc de Bordeaux tout simplement comme une nécessité d'un meilleur aloi que celle dont on argumente.

Je sais qu'en éloignant cet enfant, on veut établir le principe de la souveraineté du peuple ; niaiserie de l'ancienne école, qui prouve que, sous le rapport politique, nos vieux démocrates n'ont pas fait plus de progrès que les vétérans de la royauté. Il n'y a de souveraineté absolue nulle part ; la liberté ne découle pas du droit politique, comme on le supposait au dix-huitième siècle ; elle vient du droit naturel, ce qui fait qu'elle existe dans toutes les formes de gouvernement, et qu'une monarchie peut être libre et beaucoup plus libre qu'une république : mais ce n'est ni le temps ni le lieu de faire un cours politique.

Je me contenterai de remarquer que, lorsque le peuple a disposé des trônes, il a souvent aussi disposé de sa liberté ; je ferai observer que le principe de l'hérédité monarchique, absurde au premier abord, a été reconnu, par l'usage, préférable au principe de la monarchie élective. Les raisons en sont si évidentes, que je n'ai pas besoin de les développer. Vous choisissez un roi aujourd'hui : qui vous empêchera d'en choisir un autre demain? La loi, direz-vous. La loi? Et c'est vous qui la faites !

Il est encore une manière plus simple de trancher la question, c'est de dire : Nous ne voulons plus de la branche aînée des Bourbons. Et pourquoi n'en voulez-vous plus ? Parce que nous sommes victorieux ; nous avons triomphé dans une cause juste et sainte : nous usons d'un double droit de conquête.

Très-bien : vous proclamez la souveraineté de la force. Alors gardez soigneusement cette force ; car si dans quelques mois elle vous échappe, vous serez mal venus à vous plaindre. Telle est la nature humaine ! Les esprits les plus éclairés et les plus justes ne s'élèvent pas toujours au-dessus d'un succès. Ils étaient les premiers, ces esprits, à invoquer le droit contre la violence, ils appuyaient ce droit de toute la supériorité de leur talent ; et au moment même où la vérité de ce qu'ils disaient est démontrée par l'abus le plus abominable de la force, et par le renversement de cette force, les vainqueurs s'emparent de l'arme qu'ils ont brisée ! Dangereux tronçons qui blesseront leur main sans les servir.

J'ai transporté le combat sur le terrain de mes adversaires ; je ne suis point allé bivouaquer dans le passé sous le vieux drapeau des morts, drapeau qui n'est pas sans gloire, mais qui pend le long du bâton qui le porte, parce qu'aucun souffle de la vie ne le soulève. Quand je remuerais la poussière des trente-cinq Capets, je n'en tirerais pas un argument qu'on voulût seulement écouter. L'idolâtrie d'un nom est abolie ; la monarchie n'est plus une religion, c'est une forme politique préférable dans ce moment à toute autre, parce qu'elle fait mieux entrer l'ordre dans la liberté.

Inutile Cassandre, j'ai assez fatigué le trône et la pairie de mes avertissements dédaignés ; il ne me reste qu'à m'asseoir sur les débris d'un naufrage que j'ai tant de fois prédit. Je reconnais au malheur toutes les sortes de puissances, excepté celle de me délier de mes serments de fidélité. Je dois aussi rendre ma vie uniforme : après tout ce que j'ai fait, dit et écrit pour les Bourbons, je serais le dernier des misérables si je les reniais au moment où, pour la troisième et dernière fois, ils s'acheminent vers l'exil.

Je laisse la peur à ces généreux royalistes qui n'ont jamais sacrifié une obole ou une place à leur loyauté, à ces champions de l'autel et du trône qui naguère me traitaient de renégat, d'apostat et de révolutionnaire. Pieux libellistes, le renégat vous appelle ! Venez donc balbutier un mot, un seul mot avec lui, pour l'infortuné maître qui vous combla de ses dons, et que vous avez perdu. Provocateurs de coups d'État, prédicateurs du pouvoir constituant, où êtes-vous ? Vous vous cachez dans la boue du fond de laquelle vous leviez vaillamment la tête pour calomnier les vrais serviteurs du roi : votre silence d'aujourd'hui est digne de votre langage d'hier. Que tous ces preux, dont les exploits projetés ont fait chasser les descendants de Henri IV à coups de fourche, tremblent maintenant, accroupis sous la cocarde tricolore : c'est tout naturel. Les nobles couleurs dont ils se parent protégeront leur personne, et ne couvriront pas leur lâcheté.

Au surplus, en m'exprimant avec franchise à cette tribune, je ne crois pas du tout faire un acte d'héroïsme : nous ne sommes plus dans ces temps où une opinion coûtait la vie ; y fussions-nous, je parlerais cent fois plus haut. Le meilleur bouclier est une poitrine qui ne craint pas de se montrer découverte à l'ennemi. Non, Messieurs, nous n'avons à craindre ni un peuple dont la raison égale le courage, ni cette généreuse jeunesse que j'admire, avec laquelle je sympathise de toutes les facultés de mon âme, à laquelle je souhaite, comme à mon pays, honneur, gloire et liberté.

Loin de moi surtout la pensée de jeter des semences de division dans la France ! et c'est pourquoi j'ai refusé à mon discours l'accent des passions. Si j'avais la conviction intime qu'un enfant doit être laissé dans les rangs obscurs et heureux de la vie, pour assurer le repos de trente-trois millions d'hommes, j'aurais regardé comme un crime toute parole en contradiction avec le besoin des temps : je n'ai pas cette conviction. Si j'avais le droit de disposer d'une couronne, je la mettrais volontiers aux pieds de Mgr le duc d'Orléans. Mais je ne vois de vacant qu'un tombeau à Saint-Denis, et non pas un trône.

Quelles que soient les destinées qui attendent M. le lieutenant général du royaume, je ne serai jamais son ennemi s'il fait le bonheur de ma patrie. Je ne demande à conserver que la liberté de ma conscience, et le droit d'aller mourir partout où je trouverai indépendance et repos.

Je vote contre le projet de déclaration.

SUR LES

ESSAIS DE MORALE ET DE POLITIQUE.

Décembre 1805.

On peut trouver plusieurs causes du succès prodigieux des romans pendant ces dernières années : il y en a une principale, indépendante du goût et des mœurs. Fatigué des déclamations de la philosophie, on s'est jeté par besoin de repos dans les lectures frivoles, on s'est délassé des erreurs de l'esprit par celles du cœur : les dernières n'ont du moins ni la sécheresse ni l'orgueil des premières; et, à tout considérer, s'il fallait faire un choix dans le mal, la corruption des sentiments serait peut-être préférable à la corruption des idées : un cœur vicieux peut revenir à la vertu; un esprit pervers ne se corrige jamais.

Mais l'esprit humain tourne sans cesse dans le même cercle, et les romans nous ramèneront aux ouvrages sérieux, comme les ouvrages sérieux nous ont conduits aux romans. En effet, ceux-ci commencent à passer de mode; les auteurs cherchent des sujets plus propres à satisfaire la raison, les livres sérieux reparaissent. Nous avons déjà eu le plaisir d'annoncer la *Législation primitive* de M. de Bonald : entre les jeunes gens distingués par le tour grave de leur esprit, nous avons fait remarquer l'auteur de la *Vie de Rollin* : aujourd'hui les *Essais de morale et de politique* sont une nouvelle preuve de notre retour aux études solides.

Cet ouvrage a pour but de montrer qu'une seule forme de gouvernement convient à la nature de l'homme. De là deux parties ou deux divisions dans l'ouvrage : dans la première on pose les faits; dans la seconde on conclut : c'est-à-dire que dans l'une on traite de la nature de l'homme, et que dans l'autre on fait voir quel est le gouvernement le plus conforme à cette nature.

Les facultés dont se compose notre esprit, les causes des égarements de notre esprit, la force de notre volonté, l'ascendant de nos passions, l'amour du beau et du bon, ou notre penchant pour la vertu, sont donc l'objet de la première partie.

Que l'homme doit vivre en société; qu'il y a une sorte de nécessité venant de Dieu ; qu'il y a des gouvernements *factices* et un gouvernement *naturel;* que les mœurs sont des habitudes que nous ont données ou nous ont laissé prendre les lois : telles sont à peu près les questions qu'on examine dans la seconde partie.

C'est toucher, comme on le voit, à ce qui fit dans tous les temps l'objet des recherches des plus grands génies. L'auteur a su prouver qu'il n'y a point de matière épuisée pour un homme de talent, et que des principes aussi féconds seront éternellement la source de vérités nouvelles.

Une gravité naturelle et soutenue, un ton ferme sans jactance, noble sans enflure, des vues fines et quelquefois profondes, enfin cette mesure dans les opinions, cette décence de la bonne compagnie, d'autant plus précieuses qu'elles deviennent tous les jours plus rares telles sont les qualités qui nous paraissent recommander cet ouvrage au public.

Nous choisirons quelques morceaux propres à donner aux lecteurs une idée du style des *Essais*, et de la manière dont l'auteur a traité des sujets si graves. Dans le chapitre intitulé *Rapports des deux natures de l'homme*, voici comme il parle de l'union de l'âme avec le corps : « Son âme et son corps sont tellement unis,
« qu'ils sont obligés, pour ainsi dire, d'assister réci-
« proquement à leurs jouissances et d'en modifier la
« nature, pour qu'ils puissent y participer également.
« Dans les plaisirs du corps on retrouve ceux de l'âme,
« et dans les plaisirs de l'âme on retrouve ceux du
« corps. Le corps exige, dans les objets de ses pen-
« chants, quelques traces de ce beau ou de ce bon,
« sujets de l'éternel amour de l'âme. Il veut qu'elle lui

« vante le bonheur dont il jouit, et qu'elle y applau-
« disse en le partageant. L'âme (et c'est sa misère) ne
« peut saisir ce qu'elle aime que sous des formes et
« par des moyens qui lui sont fournis par le corps...
« Les deux natures de l'homme confondent ainsi leurs
« désirs, unissent leurs forces, et se concertent en-
« semble pour arriver à leurs desseins... L'âme dé-
« couvre pour le corps une foule de plaisirs qu'il igno-
« rerait toujours : elle lui conserve la mémoire de ceux
« qu'il a goûtés, et, dans les temps de disette, elle le
« nourrit de l'image des objets qu'elle a chéris... »

Tout cela nous semble ingénieux, agréable, bien dit, délicatement observé. On lira avec le même plaisir le chapitre sur les *Causes et les suites des égarements de l'esprit*. Si l'on trouvait ce portrait de *l'erreur* dans les *Caractères* de La Bruyère, on le remarquerait peut-être :

« Vraiment on calomnie les passions : elles ne sont
« que la cause des maux dont l'erreur est le principe.
« Les passions s'usent; il faut bien qu'elles se repo-
« sent; l'erreur est éternelle, et ne se fatigue jamais.
« Les passions entraînent ceux qu'elles tourmentent,
« les aveuglent, et souvent les abîment. L'erreur con-
« duit avec méthode, conseille avec prudence; elle
« n'ôte pas la connaissance, et laisse éviter le danger;
« elle est austère et même inexorable, et le mal qu'elle
« fait commettre, on l'exécute avec la rigueur du de-
« voir; elle éclaire le crime, elle s'entend avec l'or-
« gueil; et tous les crimes qu'elle fait commettre,
« l'orgueil les récompense. »

Qui ne reconnaît ici la philosophie du dernier siècle? Pour faire un portrait aussi fidèle, il ne suffisait pas d'avoir le modèle sous les yeux; il fallait encore posséder, dans un degré éminent, le talent du peintre.

Jusqu'ici nous n'avons cité que la première partie des *Essais*. Dans la seconde, consacrée à l'examen des gouvernements, on remarquera surtout deux chapitres sur l'Angleterre. L'auteur, cherchant à prouver que la monarchie absolue est le seul gouvernement *naturel* ou conforme à la *nature de l'homme*, fait la peinture de la monarchie anglaise, dont le gouvernement, selon lui, n'est pas *naturel*. Par une idée ingénieuse il attribue aux anciennes mœurs des Anglais, c'est-à-dire aux mœurs qui ont précédé leur constitution de 1688, ce qu'il y a de bon parmi eux, tandis qu'il soutient que les vices du peuple et du gouvernement de la Grande-Bretagne naissent pour la plupart de la constitution actuelle de ce pays.

Ce système a l'avantage d'expliquer les contradictions que l'on remarque dans le caractère de la nation britannique. Il est vrai que l'auteur est alors obligé de prouver que les Anglais, du temps de Henri VIII, étaient plus heureux et valaient mieux que les Anglais d'aujourd'hui, ce qui pourrait souffrir quelques difficultés; il est encore vrai que l'auteur a contre lui l'*Esprit des lois*. Montesquieu parle aussi de l'inquiétude des Anglais, de leur orgueil, de leurs changements de partis, des orages de leur liberté; mais il voit tout cela comme des conséquences *nécessaires* et non *funestes* d'une monarchie mixte ou tempérée. On lit dans Tacite ce passage singulier : *Nam cunctas nationes et urbes populus, aut primores, aut singuli regunt : dilecta ex his et constituta reip. forma, laudari facilius, quam evenire; vel si evenit, haud diuturna esse potest.* D'où il résulte que Tacite avait conçu l'idée d'un gouvernement à peu près semblable à celui de l'Angleterre, et qu'en le regardant comme le meilleur en théorie, il le jugeait presque impossible en pratique. Aristote et Cicéron semblent avoir partagé l'opinion de Tacite, ou plutôt Tacite avait puisé cette opinion dans les écrits du philosophe et de l'orateur. Ces autorités sont de quelque poids sans doute; mais l'auteur des *Essais* répondrait avec raison que nous avons aujourd'hui de nouvelles lumières qui nous empêchent de penser comme Aristote, Cicéron, Tacite et Montesquieu. Quoi qu'il en soit, les juges sont maintenant nombreux dans cette cause : plusieurs milliers de Français ayant vécu, pendant leur exil, en Angleterre, peuvent avoir appris à connaître le fort et le faible des lois de ce pays.

Le dernier chapitre des *Essais* renferme des considérations sur le génie des peuples, et sur le but de la société, qui est le bonheur. L'auteur pense que l'ordre et le repos sont les deux plus sûrs moyens d'arriver à ce but. Son tableau de l'Égypte nous a rappelé quelque chose des belles pages de Platon sur les Perses, et le ton calme, élevé, moral, du philosophe de l'Académie.

Au reste, il y a dans cet ouvrage un assez grand nombre d'opinions que nous ne partageons pas avec l'auteur. Il soutient, par exemple, *qu'il existe un degré de civilisation qui exclut le despotisme et le rend impossible; qu'il y aurait trop de lumières à éteindre; qu'il n'y a point de despotisme où l'on crie au despote,* etc.

C'est contredire, il nous semble, le témoignage de l'histoire. Nous serait-il permis de faire observer à l'auteur que la corruption des mœurs marche de front avec la civilisation des peuples, et que si la dernière présente des moyens de liberté, la première est une source inépuisable d'esclavage?

Il n'y a point de despotisme où l'on crie au despote. Sans doute quand le cri est public, général, violent, quand c'est toute une nation qui parle sans contrainte.

Mais dans quel cas cela peut-il avoir lieu? Quand le despote est faible, ou quand, à force de maux, il a poussé à bout ses esclaves. Mais si le despote est fort, que lui importeront les gémissements secrets de la foule, ou l'indignation impuissante de quelque honnête homme? Il ne faut pas croire d'ailleurs que le plus rude despotisme produise un silence absolu, excepté chez les nations barbares. A Rome, sous les Néron même et sous les Tibère, on faisait des satires, et l'on allait à la mort : *Morituri te salutant!*

Dans un autre endroit, l'auteur suppose que la société primitive étant devenue trop nombreuse, *on s'assembla et l'on convint.* C'est donc admettre un *contrat social,* et retomber dans toutes les chimères philosophiques que les *Essais* combattent avec tant de succès.

Quelques points de métaphysique demanderaient aussi plus de développement. On lit, page 84 : *Toutes les âmes sont égales ; leurs développements ne peuvent dépendre que de la conformation des organes.* Pag. 21 : *L'esprit est une faculté, une puissance... Il n'y a point d'idées fausses, mais des appellations fausses,* etc.

Il y a là-dessus vingt bonnes querelles à faire à l'auteur ; et si l'on pressait un peu ses raisonnements, on les mènerait à des conséquences dont il serait lui-même effrayé. Mais nous ne voulons point élever de question intempestive, et quelques propositions douteuses ne gâtent rien à un ouvrage d'ailleurs rempli de principes excellents.

Nous ne nous permettrons plus de combattre qu'une seule définition. *L'imagination se montre dans tous les instants,* dit l'auteur. *Quel que soit l'objet qu'il examine, l'esprit doué de cette qualité est toujours frappé des rapports les moins abstraits.*

L'auteur semble n'avoir été frappé lui-même que

d'une des facultés de l'imagination, celle de peindre les objets matériels : il a pris la partie pour le tout. Nous lui soumettons les observations suivantes :

Considérée en elle-même, l'imagination s'applique à tout, et revêt toutes les formes : elle a quelquefois l'air du génie, de l'esprit, de la sensibilité, du talent ; elle affecte tout, parle tous les langages ; elle sait emprunter, quand elle le veut, jusqu'au maintien austère de la sagesse ; mais elle ne peut être longtemps sérieuse ; elle sourit sous le masque : *Patuit dea*.

Prise séparément, l'imagination est donc peu de chose. Mais c'est un don inestimable lorsqu'elle se joint aux autres facultés de l'esprit ; c'est elle alors qui donne la chaleur et la vie ; elle se combine de mille manières avec le génie, l'esprit, la tendresse du cœur, le talent. Elle achève, pour ainsi dire, les heureuses dispositions qu'on a reçues de la nature, et qui, sans l'imagination, resteraient incomplètes et stériles. Elle marche, ou plutôt elle vole, devant les facultés auxquelles elle s'allie ; elle les encourage à la suivre, les appelle sur sa trace, leur découvre des routes nouvelles. Mariée au génie, elle a créé Homère et Milton, Bossuet et Pascal, Cicéron et Démosthène, Tacite et Montesquieu ; unie au talent et à la tendresse de l'âme, elle a formé Virgile et Racine, La Fontaine et Fénelon ; de son mélange avec le talent et l'esprit on a vu naître Horace et Voltaire.

L'auteur veut que l'imagination ne soit frappée que des *rapports les moins abstraits*. Jusqu'ici on lui avait fait le reproche contraire ; on l'avait accusée d'un trop grand penchant à la contemplation et à la mysticité. C'est sur ses ailes que les âmes ardentes s'élèvent à Dieu : c'est elle qui a conduit au désert et dans les cloîtres tant d'hommes qui ne voulaient plus s'occuper des *images* de la terre. Bien plus, c'est par la seule imagination que l'on peut concevoir la *spiritualité* de l'âme et l'*immatérialité* des esprits : tant elle est loin de ne saisir que le côté matériel des choses !

Et les plus grands métaphysiciens ne se sont-ils pas distingués surtout par l'imagination ? N'est-ce pas cette imagination qui a valu à Platon le nom de *rêveur*, et à Descartes celui de *songe-creux*? Platon avec ses harmonies, Descartes avec ses tourbillons, Gassendi avec ses atomes, Leibnitz avec ses monades, n'étaient que des espèces de poëtes qui *imaginaient* beaucoup de choses. Cependant c'étaient aussi de grands géomètres; car les grands géomètres sont encore des hommes à grande imagination. Enfin, Malebranche, qui voyait tout en Dieu, et qui passa sa vie à faire la guerre à l'imagination, en était lui-même un prodige; Sénèque, au milieu de ses trésors, écrivait sur le mépris des richesses.

Mais nous voulons que l'auteur des *Essais* nous serve de preuve contre lui-même. Il s'occupe des sujets les plus sérieux, et cependant son style est plein d'imagination. On lit, page 95, ce morceau contre l'égoïsme, qui semble être échappé à l'âme de Fénelon.

« Il faut que l'homme unisse sa vie à quelque autre
« vie. Sa pensée elle-même a besoin d'une douce
« union pour devenir féconde. L'égoïsme est court
« dans ses vues; il reste sans lumière, solitaire et sans
« gloire. Nos facultés ne se développent jamais d'une
« manière aussi heureuse que lorsque le cœur est
« rempli des sentiments les plus doux. Belle nature
« d'un être qui ne s'aime jamais tant que lorsqu'il
« s'oublie, et qui peut trouver son bonheur dans un
« entier dévouement ! »

Nous conseillons à l'auteur de maltraiter un peu moins cette imagination qui lui prête un si heureux langage. Il serait trop long de citer tous les morceaux de ce genre que l'on trouve dans les *Essais*. Nous ne pouvons cependant nous refuser à transcrire cet autre passage, parce qu'il fait connaître l'auteur : « Le genre
« humain, dit-il, paraît blasé. Les générations qui
« naissent, désenchantées par l'expérience des géné-
« rations qui les ont précédées, considèrent froide-
« ment leur carrière, et spéculent sans jouir. Et moi,
« qu'on doit accuser ici de présomption où de con-
« fiance, j'appartiens à l'une de ces générations tardi-
« ves, et je n'ai point échappé au malheur commun ;
« du moins je déplore mes misères, et je n'ose en par-
« ler qu'en tremblant. Porté naturellement à l'étude
« des choses qui font le sujet de cet ouvrage, je fus
« entraîné à l'écrire par les goûts de mon esprit et la
« continuité de mes loisirs : ce sont de simples ré-
« flexions que je publie. On y reconnaîtra, j'espère, un
« amour pur du vrai. J'aimerais mieux les anéantir
« jusqu'à la moindre trace, que d'apprendre qu'elles
« renferment une opinion qui puisse égarer. »

Rien n'est plus noble, plus touchant, plus aimable que ce mouvement ; rien ne fait tant de plaisir que de rencontrer de pareils traits au milieu d'un sujet naturellement sévère. On peut appliquer ici à l'auteur le mot du poëte grec : « Il sied bien à un homme armé de
« jouer de la lyre. »

On prétend aujourd'hui qu'il faut toujours, dans l'examen des ouvrages, faire une part à la critique ; nous l'avons donc faite. Cependant, nous l'avouerons, si nous étions condamné à jouer souvent le triste rôle de censeur (ce qu'à Dieu ne plaise !), nous aimerions mieux suivre l'exemple d'Aristote, qui, au lieu de blâmer les fautes d'Homère, trouve douze raisons (ἀριθμῷ δώδεκα) pour les excuser. Nous pourrions encore reprocher à l'auteur des *Essais* quelques amphibologies dans l'emploi des pronoms, et quelque obscurité dans la construction des phrases : toutefois son livre, où l'on trouve différents genres de mérite, est purgé de ces fautes de goût que tant d'auteurs laissent échapper dans leurs premiers ouvrages. Racine même ne fut pas exempt d'affectation et de recherche dans sa jeunesse; et le grand, le sublime, le grave Bossuet fut un bel esprit de l'hôtel de Rambouillet. Ses premiers sermons sont pleins d'antithèses, de battologies et d'enflure de style. Dans un endroit il s'écrie tout à coup : « Vive l'Éternel ! » Il appelle les enfants la *recrue* continuelle du genre humain ; il dit que Dieu nous donne par la mort un *appartement* dans son palais. Mais ce rare génie, épuré par la raison, qu'amènent naturellement les années, ne tarda pas à paraître dans toute sa beauté : semblable à un fleuve qui en s'éloignant de sa source dépose peu à peu le limon qui troublait son eau, et devient aussi limpide vers le milieu de son cours que profond et majestueux.

Par une modestie peu commune, l'auteur des *Essais* ne s'est point nommé à la tête de son ouvrage; mais on assure que c'est le dernier descendant d'une de ces nobles familles de magistrats qui ont si longtemps illustré la France. Dans ce cas, nous serions moins étonné de l'amour du beau, de l'ordre et de la vertu, qui règne dans les *Essais*; nous ne ferions plus un mérite à l'auteur de posséder un avantage héréditaire; nous ne louerions que son talent.

SUR LES

MÉMOIRES DE LOUIS XIV.

Mars 1806.

Depuis quelque temps, les journaux nous annonçaient des *Œuvres* de Louis XIV. Ce titre avait choqué les personnes qui attachent encore quelque prix à la justesse des termes et à la décence du langage. Elles observaient qu'un auteur peut seul appeler *Œuvres* ses propres travaux, lorsqu'il les livre lui-même au public; qu'il faut en outre que cet auteur soit pris dans les rangs ordinaires de la société, et qu'il ait écrit non de simples Mémoires historiques, mais des ouvrages de science ou de littérature; que dans tous les cas un roi n'est point un auteur de profession, et que par conséquent il ne publie jamais des *Œuvres*.

Il est vrai que dans l'antiquité les premiers empereurs romains cultivaient les lettres; mais ces empereurs avaient été de simples citoyens avant de s'asseoir sur la pourpre. César n'était qu'un chef de légion lorsqu'il écrivit l'histoire de la conquête des Gaules, et les *Commentaires* du capitaine ont fait depuis la gloire de l'empereur. Si les *Maximes* de Marc-Aurèle honorent encore aujourd'hui sa mémoire, Claude et Néron s'attirèrent le mépris même du peuple romain pour avoir recherché les triomphes du poëte et du littérateur.

Dans les monarchies chrétiennes, où la dignité royale a été mieux connue, on a vu rarement le souverain descendre dans une lice où la victoire même n'est presque jamais sans honte, parce que l'adversaire est presque toujours sans noblesse. Quelques princes d'Allemagne, qui ont mal gouverné, ou qui ont même perdu leur pays pour s'être livrés à l'étude des sciences, excitent plutôt notre pitié que notre admiration. Denys, maître d'école à Corinthe, était aussi un roi homme de lettres. On voit encore à Vienne une Bible chargée de notes de la main de Charlemagne ; mais ce monarque ne les avait écrites que pour lui-même, et pour satisfaire sa piété. Charles V, François Ier, Henri IV, Charles IX, aimèrent les lettres sans avoir la prétention de devenir auteurs. Quelques reines de France ont laissé des vers, des Nouvelles, des Mémoires : on a pardonné à leur dignité, en faveur de leur sexe. L'Angleterre, d'où nous sont venus de dangereux exemples, compte seule plusieurs *écrivains* parmi ses monarques : Alfred, Henri VIII, Jacques Ier, ont fait de véritables livres ; mais le roi auteur par excellence dans les siècles modernes, c'est Frédéric. Ce prince a-t-il perdu, a-t-il gagné en renommée à la publication de ses *Œuvres*? Question que nous n'aurions pas de peine à résoudre, si nous ne consultions que notre sentiment.

Nous avons été d'abord un peu rassuré en ouvrant le recueil que nous annonçons. Premièrement ce ne sont point des *Œuvres*, ce sont de simples Mémoires faits par un père pour l'instruction de son fils. Eh! qui doit veiller à l'éducation de ses enfants, si ce n'est un roi? Peut-on jamais trop inspirer l'amour des devoirs et de la vertu aux princes d'où dépend le bonheur de tant d'hommes? Plein d'un juste respect pour la mémoire de Louis XIV, nous avons ensuite parcouru avec inquiétude les écrits de ce grand monarque. Il eût été cruel de perdre encore une admiration. C'est avec un plaisir extrême que nous avons retrouvé le Louis XIV tel qu'il est parvenu à la postérité, tel que l'a peint madame de

Motteville : « Son grand sens et ses bonnes intentions, « dit-elle, firent connaître les semences d'une science « universelle, qui avaient été cachées à ceux qui ne le « voyaient pas dans le particulier ; car il parut tout « d'un coup politique dans les affaires de l'État, théo-« logien dans celles de l'Église, exact en celles de « finance : parlant juste, prenant toujours le bon parti « dans les conseils, sensible aux intérêts des particu-« liers, mais ennemi de l'intrigue et de la flatterie, et « sévère envers les grands de son royaume qu'il soup-« çonnait avoir envie de le gouverner. Il était aimable « de sa personne, honnête, et de facile accès à tout le « monde ; mais avec un air grand et sérieux qui impri-« mait le respect et la crainte dans le public. »

Et telles sont précisément les qualités que l'on trouve et le caractère que l'on sent dans le recueil des pensées de ce prince. Ce recueil se compose :

1° De Mémoires adressés au grand dauphin : ils commencent en 1661, et finissent en 1665 ;

2° De Mémoires militaires sur les années 1673 et 1678 ;

3° De réflexions sur le *métier de roi ;*

4° D'instructions à Philippe V ;

5° De dix-huit lettres au même prince, et d'une lettre de madame de Maintenon.

On connaissait déjà de Louis XIV un recueil de lettres, et une traduction des *Commentaires de César.* On croit que Pellisson ou Racine ont revu les Mémoires que l'on vient de publier ; mais il est certain, d'ailleurs, que le fond des choses est de Louis XIV. On reconnaît partout ses principes religieux, moraux, politiques ; et les notes ajoutées de sa propre main aux marges des Mémoires ne sont inférieures au texte ni pour le style ni pour les pensées.

Et puis c'est un fait attesté par tous les écrivains, que Louis XIV s'exprimait avec une noblesse particulière. « Il parlait peu et bien, dit madame de Motteville : « ses paroles avaient une grande force pour inspirer « dans les cœurs et l'amour et la crainte, selon qu'elles « étaient douces ou sévères. »

« Il s'exprimait toujours noblement et avec préci-« sion, » dit Voltaire. Il aurait même excellé dans les grâces du langage, s'il avait voulu en faire une étude. Monschenay raconte qu'il lisait un jour l'épître de Boileau sur le passage du Rhin, devant mesdames de Thiange et de Montespan : « Il la lut avec des *tons si enchan-*« *teurs*, que madame de Montespan lui arracha l'épître « des mains, en s'écriant qu'il y avait là quelque chose « de surnaturel, et qu'elle n'avait jamais rien entendu « de si bien prononcé. »

Cette netteté de pensée, cette noblesse d'élocution, cette finesse d'une oreille sensible à la belle poésie, forme déjà un préjugé en faveur du style des Mémoires, et prouveraient (si l'on avait besoin de preuves) que Louis XIV peut fort bien les avoir écrits. En citant quelques morceaux de ces Mémoires, nous les ferons mieux connaître aux lecteurs.

Le roi, parlant de différentes mesures qu'il prit au commencement de son règne, ajoute :

« Il faut que je vous avoue qu'encore que j'eusse « auparavant sujet d'être content de ma propre con-« duite, les éloges que cette nouveauté m'attirait me « donnaient une continuelle inquiétude, par la crainte « que j'avais toujours de ne les pas assez bien mériter.

« Car enfin je suis bien aise de vous avertir, mon « fils, que c'est une chose fort délicate que la louange; « qu'il est bien malaisé de ne pas s'en laisser éblouir, et « qu'il faut beaucoup de lumières pour savoir discerner

« au vrai ceux qui nous flattent d'avec ceux qui nous
« admirent.

« Mais, quelque obscures que puissent être en cela
« les intentions de nos courtisans, il y a pourtant un
« moyen assuré pour profiter de tout ce qu'ils disent à
« notre avantage ; et ce moyen n'est autre chose que de
« nous examiner sévèrement nous-mêmes sur chacune
« des louanges que les autres nous donnent. Car, lors-
« que nous en entendrons quelqu'une que nous ne mé-
« ritons pas en effet, nous la considérerons aussitôt (sui-
« vant l'humeur de ceux qui nous l'auront donnée), ou
« comme un reproche malin de quelque défaut dont
« nous tâcherons de nous corriger, ou comme une secrète
« exhortation à la vertu que nous ne sentons pas en
« nous. »

On n'a jamais rien dit sur le danger des flatteurs de
plus délicat et de mieux observé. Un homme qui connaissait si bien la valeur des louanges méritait sans
doute d'être beaucoup loué. Ce passage est surtout re-
marquable par une certaine ressemblance avec quelques
préceptes du *Télémaque*. Dans ce grand siècle, la vertu
et la raison donnaient au prince et au sujet un même
langage.

Le morceau suivant, écrit tout entier de la main de
Louis XIV, n'est pas un des moins beaux des Mémoires :

« Ce n'est pas seulement dans les importantes négo-
« ciations que les princes doivent prendre garde à ce
« qu'ils disent, c'est même dans les discours les plus
« familiers et les plus ordinaires. C'est une contrainte
« sans doute fâcheuse, mais absolument nécessaire à
« ceux ne notre condition, de ne parler de rien à la
« légère. Il se faut bien garder de penser qu'un souve-
« rain, parce qu'il a l'autorité de tout faire, ait aussi la

« liberté de tout dire ; au contraire, plus il est grand
« et respecté, plus il doit être circonspect. Les choses
« qui ne seraient rien dans la bouche d'un particulier
« deviennent souvent importantes dans celle d'un prince.
« La moindre marque de mépris qu'il donne d'un par-
« ticulier fait au cœur de cet homme une plaie incu-
« rable. Ce qui peut consoler quelqu'un d'une raillerie
« piquante ou d'une parole de mépris que quelque autre
« a dite de lui, c'est, ou qu'il se promet de trouver
« bientôt occasion de rendre la pareille, ou qu'il se
« persuade que ce qu'on a dit ne fera pas d'impression
« sur l'esprit de ceux qui l'ont entendu. Mais celui de
« qui le souverain a parlé sent son mal d'autant plus
« impatiemment, qu'il n'y voit aucune de ces conso-
« lations. Car enfin il peut bien dire du mal du prince
« qui en a dit de lui, mais il ne saurait le dire qu'en
« secret, et ne peut pas lui faire savoir ce qu'il en dit,
« qui est la seule douceur de la vengeance. Il ne peut
« pas non plus se persuader que ce qui a été dit n'aura
« pas été approuvé ni écouté, parce qu'il sait avec
« quels applaudissements sont reçus tous les sentiments
« de ceux qui ont en main l'autorité. »

La générosité de ces sentiments est aussi touchante
qu'admirable. Un monarque qui donnait de pareilles
leçons à son fils avait sans doute un véritable cœur de
roi, et il était digne de commander à un peuple dont
le premier bien est l'honneur.

La pièce intitulée *le Métier de roi*, dans le nouveau
recueil, avait été citée dans le *Siècle de Louis XIV*.
« *Elle dépose à la postérité*, dit Voltaire, *en faveur
de la droiture et de la magnanimité de son âme.* »

Nous sommes fâché que l'éditeur des Mémoires, qui
paraît d'ailleurs plein de candeur et de modestie, ait
donné à ce morceau le titre de *Métier de roi*. Louis XIV

s'est servi de ce mot dans le cours de ses réflexions; mais il n'est pas vraisemblable qu'il l'ait employé comme *titre*. Il y a plus : il est probable que ce prince eût corrigé cette expression, s'il eût prévu que ses écrits seraient un jour publiés. La royauté n'est point un métier, c'est un caractère; l'oint du Seigneur n'est point un acteur qui joue un rôle, c'est un magistrat qui remplit une fonction : on ne fait point le métier de roi comme on fait celui de charlatan. Louis XIV, dans un moment de dégoût, ne songeant qu'aux fatigues de la royauté, a pu l'appeler un *métier*, et un métier très-pénible; mais donnons-nous de garde de prendre ce mot dans un sens absolu. Ce serait apprendre aux hommes que tout est *métier* ici-bas, que nous sommes tous dans ce monde des espèces d'empiriques montés sur des tréteaux pour vendre notre marchandise aux passants. Une pareille vue de la société mènerait à des conséquences funestes.

Voltaire avait encore cité les Instructions à Philippe V, mais il en avait retranché les premiers articles. Il est malheureux de rencontrer sans cesse cet homme célèbre dans l'histoire littéraire du dernier siècle, et de l'y voir jouer si souvent un rôle peu digne d'un honnête homme et d'un beau génie. On devinera aisément pourquoi l'historien de Louis XIV avait omis les premiers articles des Instructions; les voici :

1. Ne manquez à aucun de vos devoirs, surtout envers Dieu.

2. Conservez-vous dans la pureté de votre éducation.

3. Faites honorer Dieu partout où vous aurez du pouvoir; procurez sa gloire; donnez-en l'exemple : c'est un des plus grands biens que les rois puissent faire.

4. Déclarez-vous, en toute occasion, pour la vertu contre le vice.

Saint Louis mourant, étendu sur un lit de cendre devant les ruines de Carthage, donna à peu près les mêmes instructions à son fils :

« Beau filz, la premiere chose que je t'enseigne et commande à garder, si est que de tout ton cœur tu aimes Dieu, et te gardes bien de faire chose qui lui desplaise. Si Dieu t'envoye adversité, reçois-la benigment, et lui en rends grace ; s'il te donne prospérité, si l'en remercie tres-humblement : car on ne doit pas guerroyer Dieu des dons qu'il nous fait. Aye le cœur doux et piteux aux pauvres, ne boute pas sus trop grans tailles ni subsides à ton peuple. Fuis la compagnie des mauvais. »

On aime à voir deux de nos plus grands princes, à deux époques si éloignées l'une de l'autre, donner à leurs fils des principes semblables de religion et de justice. Si la langue de Joinville et celle de Racine ne nous avertissaient que quatre cents ans d'intervalle séparent saint Louis de Louis XIV, on pourrait croire que ces instructions sont du même siècle. Tandis que tout change dans le monde, il est beau que des âmes royales gardent incorruptible le dépôt sacré de la vérité et de la vertu.

Louis XIV (et c'est une des choses les plus attachantes de ses Mémoires) confesse souvent ses fautes, et les offre pour leçons à son fils :

« On attaque le cœur d'un prince comme une place.
« Le premier soin est de s'emparer de tous les postes
« par où on y peut approcher. Une femme adroite s'at-
« tache d'abord à éloigner tout ce qui n'est pas dans
« ses intérêts ; elle donne du soupçon des uns et du
« dégoût des autres, afin qu'elle seule et ses amis

« soient favorablement écoutés ; et si nous ne sommes
« en garde contre cet usage, il faut, pour la contenter
« elle seule, mécontenter tout le reste du monde.

« Dès lors que vous donnez à une femme la liberté
« de vous parler de choses importantes, il est impos-
« sible qu'elle ne vous fasse faillir.

« La tendresse que nous avons pour elle nous fai-
« sant goûter ses plus mauvaises raisons, nous fait
« tomber insensiblement du côté où elle penche ; et la
« faiblesse qu'elle a naturellement lui faisant souvent
« préférer des intérêts de bagatelles aux plus solides
« considérations, lui font presque toujours prendre le
« mauvais parti.

« Elles sont éloquentes dans leurs expressions,
« pressantes dans leurs prières, opiniâtres dans leurs
« sentiments ; et tout cela n'est souvent fondé que sur
« une aversion qu'elles auront pour quelqu'un, sur le
« dessein d'en avancer un autre, ou sur une promesse
« qu'elles auront faite légèrement. »

Cette page est écrite avec une singulière élégance ; et si la main de Racine paraît quelque part, on pourrait peut-être la retrouver ici. Mais l'oserions-nous dire ? Une telle connaissance des femmes prouve que le monarque, en se confessant, n'était peut-être pas bien guéri de sa faiblesse. Les anciens disaient de certains prêtres des dieux : « Beaucoup portent le thyrse, et peu sont inspirés. » Il en est ainsi de la passion qui subjuguait Louis XIV : beaucoup l'affectent, et peu la ressentent ; mais aussi, quand elle est réelle, on ne peut guère se méprendre à l'*inspiration* de son langage.

Au reste, Louis XIV avait appris à connaître la juste valeur de ces attachements que le plaisir forme et détruit. Il vit couler les larmes de madame de La Vallière, et il lui fallut supporter les cris et les reproches de madame de Montespan. La sœur du fameux comte de Lautrec, abandonnée de François Ier, ne s'emporta point ainsi en plaintes inutiles. Le roi lui ayant fait redemander les joyaux chargés de devises qu'il lui avait donnés dans les premiers moments de sa tendresse, elle les renvoya fondus et convertis en lingots. « Portez cela au roy, dit-elle. Puisqu'il lui a plu de me revoquer ce qu'il m'avoit donné si liberalement, je les lui rends et lui renvoie en lingots d'or. Quant aux devises, je les ai si bien empreintes en ma pensée, et les y tiens si cheres, que je n'ay pu permettre que personne en disposast et jouist, et en eust de plaisir que moi-mesme. »

Si nous en croyons Voltaire, la mauvaise éducation de Louis XIV aurait privé ce prince des leçons de l'histoire. Ce défaut de connaissance n'est point du tout sensible dans les Mémoires. Le roi paraît au contraire avoir eu des idées assez étendues sur l'histoire moderne, et même sur celle des Grecs et des Romains. Il raisonne en politique avec une sagacité surprenante; il fait parfaitement sentir à propos de Charles II, roi d'Angleterre, le vice de ces États qui sont gouvernés par des corps délibérants; il parle des désordres de l'anarchie comme un prince qui en avait été témoin dans sa jeunesse; il savait fort bien ce qui manquait à la France, ce qu'elle pouvait obtenir; quel rang elle devait occuper parmi les nations : « Étant persuadé, « dit-il, que l'infanterie française n'avait pas été jusqu'à « présent fort bonne, je voulus chercher les moyens de « la rendre meilleure. » Il ajoute ailleurs : « Pourvu « qu'un prince ait des sujets, il doit avoir des soldats; « et quiconque, ayant un État bien peuplé, manque « d'avoir de bonnes troupes, ne se doit plaindre que de sa « paresse et de son peu d'application. » On sait en effet que c'est Louis XIV qui a créé notre armée, et environné la France de cette ceinture de places fortes qui la rend inexpugnable. On voit enfin qu'il regrettait les temps où ses sujets étaient maîtres du monde.

« Lorsque le titre d'empereur fut mis dans notre « maison, dit-il, elle possédait à la fois la France, les « Pays-Bas, l'Allemagne, l'Italie, et la meilleure partie « de l'Espagne, qu'elle avait distribuée entre divers particuliers, avec réserve de la souveraineté. Les sanglantes défaites de plusieurs peuples venus du Nord « et du Midi avaient porté si loin la terreur de nos armes, « que toute la terre tremblait au seul bruit du nom français et de la grandeur impériale. »

Ces passages prouvent que Louis XIV connaissait la France, et qu'il en avait médité l'histoire. En portant ses regards encore plus haut, ce prince eût vu que les Gaulois, nos premiers ancêtres, avaient pareillement subjugé la terre, et que toutes les fois que nous sortons de nos limites, nous ne faisons que rentrer dans notre héritage. L'épée de fer d'un Gaulois a seule servi de contre-poids à l'empire du monde. « La nouvelle arriva d'Occident en Orient, dit un historien, qu'une nation hyperboréenne avait pris en « Italie une ville *grecque* appelée Rome. » Le nom de Gaulois voulait dire *voyageur*. A la première apparition de cette race puissante, les Romains déclarèrent qu'elle était née pour la ruine des villes et la destruction du genre humain.

Partout où il s'est remué quelque chose de grand, on retrouve nos ancêtres. Les Gaulois seuls ne se turent point à la vue d'Alexandre, devant qui la terre se taisait. « Ne craignez-vous point ma puissance? » dit à leurs députés le vainqueur de l'Asie. — « Nous ne craignons qu'une chose, répondirent-ils; c'est que le ciel tombe sur notre tête. » César ne put les vaincre qu'en les divisant, et il mit plus de temps à les dompter qu'à soumettre Pompée et le reste du monde.

Tous les lieux célèbres dans l'univers ont été assujettis à nos péres. Non-seulement ils ont pris Rome, mais ils ont ravagé la Grèce, occupé Byzance, campé sur les ruines de Troie, possédé le royaume de Mithridate, et vaincu au delà du Taurus ces Scythes qui n'avaient été vaincus par personne. La valeur des Gaulois décidait de toute part du sort des empires. L'Asie leur payait tribut; les princes les plus renommés de cette partie de la terre, les Antiochus, les Antigonus, courtisaient ces guerriers redoutables; et les rois tombés du trône se retiraient à l'abri de leur épée. Ils firent la principale force de l'armée d'Annibal; dix mille d'entre eux défendirent seuls contre Paul-Émile la couronne d'Alexandre, dans le combat où Persée vit passer l'empire des Grecs sous le joug des Latins. A la bataille d'Actium, les Gaulois disposèrent encore du sceptre du monde, puisqu'ils décidèrent la victoire en se rangeant sous les drapeaux d'Auguste.

C'est ainsi que le destin des royaumes paraît attaché dans chaque siècle au sol de la Gaule comme à une terre fatale, et marquée d'un sceau mystérieux. Tous les peuples semblent avoir ouï successivement cette voix qui annonça l'arrivée de Brennus à Rome, et qui disait à Céditius au milieu de la nuit : « Céditius, va dire aux tribuns que les Gaulois seront demain ici. »

Les Mémoires de Louis XIV augmenteront sa renommée : ils ne dévoilent aucune bassesse, ils ne révèlent aucun de ces honteux secrets que le cœur humain cache trop souvent dans ses abîmes. Vu de plus près et dans l'intimité de la vie, Louis XIV ne cesse point d'être

Louis le Grand; on est charmé qu'un si *beau buste n'ait point une tête vide*, et que l'âme réponde à la noblesse des dehors. « C'est un prince, disait Boileau, qui ne « parle jamais sans avoir pensé. Il construit admira- « blement tout ce qu'il dit; ses moindres reparties « sentent le souverain; et quand il est dans son do- « mestique, il semble recevoir la loi plutôt que de la « donner. » Éloge que les Mémoires confirment de tous points. On connaît cette foule de mots où brille la magnanimité de Louis XIV. Le prince de Condé lui disait un jour qu'on avait trouvé une image de Henri IV attachée à un poteau et traversée d'un poignard, avec une inscription odieuse pour le prince régnant. « *Je m'en console*, dit le monarque; *on n'en a pas fait autant contre les rois fainéants.* » On prétend que, dans les derniers temps de sa vie, il trouva sous son couvert, en se mettant à table, un billet à peu près conçu ainsi : « Le roi « est debout à la place des Victoires, à cheval à la « place Vendôme; quand sera-t-il couché à Saint-De- « nis? » Louis prit le billet, et le jetant par-dessus sa tête, répondit à haute voix : « *Quand il plaira à Dieu.* » Prêt à rendre le dernier soupir, il fit appeler les seigneurs de sa cour : « Messieurs, dit-il, je vous demande « pardon des mauvais exemples que je vous ai donnés; « je vous fais mes remerciements de l'amitié que vous « m'avez toujours marquée. Je vous demande pour « mon petit-fils la même fidélité... Je sens que je m'at- « tendris, et que je vous attendris aussi. Adieu, Mes- « sieurs, souvenez-vous quelquefois de moi. » Il dit à son médecin qui pleurait : « M'avez-vous cru immor- « tel? » Madame de La Fayette a écrit de ce prince qu'on le trouvera sans doute « un des plus grands rois et des « plus *honnêtes hommes de son royaume.* » Cela n'empêche pas qu'à ses funérailles le peuple ne chantât des

Te Deum, et n'insultât au cercueil : *Numquid cognoscentur mirabilia tua, et justitia tua in terra oblivionis?*

Que nous reste-t-il à ajouter à la louange d'un prince qui a civilisé l'Europe, et jeté tant d'éclat sur la France? Rien que ce passage tiré de ses Mémoires :

« Vous devez savoir, avant toutes choses, mon fils,
« que nous ne saurions montrer trop de respect pour
« celui qui nous fait respecter de tant de milliers
« d'hommes. La première partie de la politique est
« celle qui nous enseigne à le bien servir. La soumis-
« sion que nous avons pour lui est la plus belle leçon
« que nous puissions donner de celle qui nous est
« due; et nous péchons contre la prudence, aussi bien
« que contre la justice, quand nous manquons de vé-
« nération pour celui dont nous ne sommes que les
« lieutenants.

« Quand nous aurons armé tous nos sujets pour la
« défense de sa gloire, quand nous aurons relevé ses
« autels abattus, quand nous aurons fait connaître son
« nom aux climats les plus reculés de la terre, nous
« n'aurons fait que l'une des parties de notre devoir,
« et sans doute nous n'aurons pas fait celle qu'il désire
« le plus de nous, si nous ne sommes soumis nous-
« mêmes au joug de ses commandements. Les actions
« de bruit et d'éclat ne sont pas toujours celles qui le
« touchent davantage, et ce qui se passe dans le secret
« de notre cœur est souvent ce qu'il observe avec plus
« d'attention.

« Il est infiniment jaloux de sa gloire, mais il sait
« mieux que nous discerner en quoi elle consiste. Il
« ne nous a peut-être faits si grands qu'afin que nos
« respects l'honorassent davantage; et si nous man-
« quons de remplir en cela ses desseins, peut-être

« qu'il nous laissera tomber dans la poussière de la-
« quelle il nous a tirés.

« Plusieurs de mes ancêtres, qui ont voulu donner
« à leurs successeurs de pareils enseignements, ont
« attendu pour cela l'extrémité de leur vie; mais je ne
« suivrai pas en ce point leur exemple. Je vous en
« parle dès cette heure, mon fils, et vous en parlerai
« toutes les fois que j'en trouverai l'occasion. Car,
« outre que j'estime qu'on ne peut de trop bonne
« heure imprimer dans les jeunes esprits des pensées
« de cette conséquence, je crois qu'il se peut faire que
« ce qu'ont dit des princes dans un état si pressant ait
« quelquefois été attribué à la vue du péril où ils se
« trouvaient; au lieu que, vous en parlant maintenant,
« je suis assuré que la vigueur de mon âge, la liberté
« de mon esprit, et l'état florissant de mes affaires, ne
« vous pourront jamais laisser pour ce discours aucun
« soupçon de faiblesse ou de déguisement. »

C'était en 1664 que Louis XIV donnait cette sublime leçon à son fils.

TABLE DES MATIÈRES

	Pages.
RENÉ.	1
MÉLANGES POLITIQUES. — De la Monarchie selon la Charte. — Préface de la première édition	37
Préface de l'édition de 1827.	40
De la Monarchie selon la Charte.	42
De la Liberté de la presse. — Préface (1828)	86
Opinion sur le projet de loi relatif à la police de la presse. — Préface de la seconde édition.	90
De l'Abolition de la censure.	165
De l'Excommunication des comédiens, février 1815. . .	173
Lettre sur la Grèce.	183
De la Restauration et de la Monarchie élective, ou Réponse à l'interpellation de quelques journaux sur mon refus de servir le nouveau gouvernement . . .	186
Discours sur la déclaration faite par la chambre des	

députés le 7 août 1830, prononcé à la chambre des pairs le même jour, dans la séance du soir. 212
Sur les Essais de morale et de politique. 224
Sur les Mémoires de Louis XIV 232

FIN DE LA TABLE DES MATIÈRES.

LAGNY. — Imprimerie de VIALAT.

ÉDITION ILLUSTRÉE DE GRAVURES SUR ACIER A 1 FRANC LE VOLUME

OEUVRES
DE
CHATEAUBRIAND

20 vol. in-18 jésus, dit format anglais.

Cette nouvelle édition, imprimée en caractères neufs fondus exprès, est illustrée de magnifiques gravures sur acier, d'après les dessins de Philippoteau.

Jusqu'à présent les éditions les meilleur marché des ouvrages du plus grand écrivain de la France ont coûté 120 fr. Cette nouvelle édition, d'un format plus commode, imprimée avec infiniment plus de luxe, illustrée de magnifiques vignettes sur acier, ne coûtera que 20 fr. au lieu de 120. L'éditeur n'a reculé devant aucun sacrifice pour mettre ces chefs-d'œuvre de la littérature française aux mains de tout le monde.

EN VENTE :

Génie du Christianisme.	3 vol.	René.	1 vol.
Atala.	1 vol.	Itinéraire.	2 vol.
Les Martyrs.	2 vol.	Les Natchez.	2 vol.
Le Paradis perdu.	1 vol.	Voyage en Amérique.	1 vol.
Études historiques.	3 vol.	Histoire de France.	2 vol.
Littérature anglaise.	1 vol.	Mélanges.	1 vol.

PARIS. — IMP. SIMON RAÇON ET COMP., RUE D'ERFURTH, 1.

www.ingramcontent.com/pod-product-compliance
Lightning Source LLC
Chambersburg PA
CBHW060129190426
43200CB00038B/1892